Le guide pratique du minimalisme mental

Victor Althéa

Published by Noelle MONGE, 2024.

LE GUIDE PRATIQUE DU MINIMALISME MENTAL

First edition. December 22, 2024.

ISBN: 979-8230500094

Written by Victor Althéa.

Le guide pratique du minimalisme mental

L'art de penser moins pour vivre mieux

Victor Althéa - 2024

Première édition : décembre 2024

Dépôt légal : Conformément à la loi, ce livre a été déposé auprès de la Bibliothèque nationale de France (BNF).

Avertissement : Les informations contenues dans ce livre sont fournies à titre informatif et ne doivent pas être considérées comme un conseil professionnel. L'auteur décline toute responsabilité en cas d'utilisation inappropriée des informations présentées ici.

Contacts : Pour toute demande relative à ce livre, vous pouvez contacter l'éditeur à l'adresse suivante : contact@noelle-monge.fr.

Table des matières

Introduction

Dans notre monde moderne, la surcharge mentale est devenue un mal invisible qui touche un nombre croissant de personnes. Elle se manifeste par une sensation constante d'être submergé, incapable de traiter ou de gérer efficacement les informations, les responsabilités et les attentes qui nous entourent. Ce problème découle de plusieurs facteurs, propres à la société actuelle.

L'explosion de l'information

Jamais dans l'histoire de l'humanité n'avons-nous eu autant accès à l'information. Chaque jour, nous recevons des milliers de stimuli via nos téléphones, ordinateurs, et autres appareils connectés. Notifications, emails, réseaux sociaux, publicités ciblées : tout nous pousse à consommer toujours plus de contenu. Cependant, notre cerveau n'a pas évolué pour gérer cette avalanche constante. Résultat ? Une fatigue mentale intense, due à une sur-sollicitation de nos capacités cognitives.

Le multitâche et la culture de la productivité

La société valorise désormais le "faire plus en moins de temps". Nous jonglons entre des dizaines de tâches à la fois, pensant que cela nous rend plus efficaces. En réalité, le multitâche augmente le stress, diminue notre concentration et réduit la qualité de notre travail. Nous vivons dans une culture où ne rien faire est perçu comme de l'oisiveté, ce qui nous pousse à remplir chaque minute de notre journée.

Les attentes sociales et professionnelles

Les pressions sociales et professionnelles contribuent également à la surcharge mentale. Dans nos vies personnelles, les attentes sont élevées

: être un parent parfait, un partenaire attentionné, un ami disponible, tout en prenant soin de soi. Sur le plan professionnel, on nous demande d'être performants, réactifs et polyvalents, souvent au détriment de notre bien-être mental. Ces exigences créent un sentiment d'inadéquation et de culpabilité, alimentant encore davantage la surcharge mentale.

La dépendance numérique

Les smartphones et les réseaux sociaux, bien qu'innovants et pratiques, ont introduit une forme d'hyperconnectivité toxique. Les notifications constantes, la peur de manquer une information importante (FOMO), et la comparaison sociale permanente contribuent à une sollicitation continue de notre attention. Nous n'avons plus de moments de répit pour laisser notre esprit se reposer.

L'absence de pauses intentionnelles

Autrefois, le quotidien offrait naturellement des moments de pause : une balade sans distraction, une soirée calme sans téléviseur. Aujourd'hui, même ces moments sont souvent envahis par nos écrans ou des activités planifiées. Nous sommes tellement habitués à être occupés que le silence et l'inaction nous mettent parfois mal à l'aise.

Les impacts sur notre bien-être

La surcharge mentale affecte profondément notre santé physique et mentale :

- **Le stress chronique :** La pression constante maintient notre système nerveux en état d'alerte, épuisant notre corps.
- **La fatigue cognitive :** Difficultés à se concentrer, trous de mémoire, et prise de décision ralentie.
- **Les troubles émotionnels :** Irritabilité, anxiété, et parfois

même dépression.

- **Les relations altérées :** Être constamment distrait ou préoccupé nuit à nos interactions avec nos proches.

Pourquoi agir ?

Ignorer ce problème, c'est risquer un effondrement mental et physique à long terme. Cependant, prendre conscience de cette surcharge est le premier pas pour alléger son esprit. Adopter des solutions de minimalisme mental permet non seulement de mieux gérer cette pression, mais aussi de retrouver du temps, de la clarté et un sentiment de liberté intérieure.

Si ce constat résonne avec vous, alors le minimalisme mental pourrait être la clé pour reprendre le contrôle de votre vie.

Retrouver clarté et sérénité

Le minimalisme mental offre une approche qui permet d'alléger l'esprit et de retrouver un équilibre intérieur. En se concentrant sur l'essentiel, il permet de simplifier nos pensées et nos priorités, libérant ainsi de l'espace pour ce qui compte vraiment. Dans un monde saturé d'informations, le minimalisme mental agit comme un filtre. Il nous invite à identifier ce qui est véritablement important et à écarter tout ce qui encombre inutilement notre esprit.

Adopter le minimalisme mental, c'est choisir intentionnellement de ralentir et de se détacher de l'urgence perpétuelle qui caractérise notre société. En réduisant le bruit, qu'il s'agisse de sollicitations numériques, de tâches superflues ou de pensées négatives, on découvre une clarté nouvelle. Ce processus de tri mental offre une perspective plus limpide sur nos objectifs, nos valeurs et nos relations, rendant les décisions plus faciles à prendre et moins stressantes.

Cette pratique va au-delà de la simple gestion du temps ou de l'information. Elle touche également à nos émotions et à notre bien-être global. Lorsque l'on parvient à calmer l'agitation intérieure, on ressent une sérénité profonde. Les inquiétudes incessantes et le sentiment d'être dépassé laissent place à une paix intérieure, favorisant un état de présence et de pleine conscience. Chaque moment devient alors plus significatif, car il n'est plus parasité par des préoccupations inutiles.

En fin de compte, le minimalisme mental ne consiste pas à fuir les responsabilités ou à éliminer toutes les sources de stimulation, mais plutôt à créer un équilibre. En nous concentrant sur ce qui nourrit notre esprit et notre âme, nous retrouvons non seulement de la clarté, mais aussi un sentiment de légèreté et de maîtrise sur notre vie. Cette sérénité retrouvée devient alors une force motrice, nous permettant d'avancer avec confiance et alignement.

Pourquoi ce livre ?

Il y a quelques années, je me souviens d'un moment où la surcharge mentale m'a littéralement paralysée. À cette époque, je jonglais entre plusieurs projets professionnels, des tâches quotidiennes à la maison, et une avalanche de notifications sur mon téléphone. Chaque jour, ma liste de choses à faire semblait s'allonger, et même lorsque j'avais un moment de calme, mon esprit continuait à tourner à plein régime. J'étais constamment préoccupée, incapable de m'arrêter, mais étrangement, je n'avançais dans rien.

Un soir, après une journée particulièrement éprouvante, j'ai eu un déclic. J'étais assise sur mon canapé, mon téléphone à la main, scrolant sans but sur les réseaux sociaux, lorsque mon partenaire m'a demandé ce qui n'allait pas. J'ai voulu répondre, mais je n'avais pas de mots. Je sentais juste une immense fatigue, comme si mon cerveau hurlait pour qu'on le laisse tranquille. Ce moment de prise de conscience a été brutal : je m'étais tellement perdue dans tout ce que je croyais devoir accomplir que je n'avais plus d'énergie pour moi-même.

Le lendemain, j'ai pris une décision radicale : j'ai désactivé toutes les notifications sur mon téléphone. Rien que ça, et pourtant, ça a eu un effet immédiat. Le silence qui a suivi m'a permis de réaliser à quel point j'étais constamment sollicitée. Petit à petit, j'ai continué ce "tri mental". J'ai supprimé des applications inutiles, limité mon temps sur les réseaux sociaux, et commencé à revoir mes priorités. Chaque soir, je notais trois choses essentielles pour le lendemain, pas plus. Au fil des semaines, j'ai retrouvé un sentiment de contrôle que je n'avais pas ressenti depuis des années.

Ce processus n'a pas été instantané, mais il m'a appris quelque chose de précieux : nous avons tous le pouvoir de simplifier notre esprit. Aujourd'hui encore, je ressens parfois la surcharge revenir, mais je sais désormais comment y faire face. Et cette sérénité que j'ai gagnée vaut bien tous les efforts que j'ai dû faire pour y arriver.

Chapitre 1 : Comprendre la surcharge mentale

La surcharge mentale est un état dans lequel notre esprit est constamment submergé par une accumulation excessive de pensées, d'informations, et de responsabilités. Elle se produit lorsque nous essayons de gérer trop de choses à la fois, qu'il s'agisse de tâches à accomplir, de décisions à prendre, ou de préoccupations à résoudre. Cette accumulation devient si intense qu'elle dépasse nos capacités cognitives, nous laissant épuisés, distraits et souvent incapables de nous concentrer ou de fonctionner efficacement.

Ce phénomène peut se manifester de manière subtile au départ : une difficulté à se souvenir de ce que l'on doit faire, une sensation d'agitation permanente, ou encore une tendance à procrastiner par peur de ne pas pouvoir tout gérer. Avec le temps, ces signes peuvent évoluer en fatigue chronique, en anxiété, et même en épuisement mental complet. À force de jongler avec des priorités contradictoires et des attentes parfois irréalistes, notre cerveau n'a plus l'espace nécessaire pour se reposer et traiter l'information de manière rationnelle.

La surcharge mentale est souvent liée à des activités extérieures, comme le travail ou les responsabilités familiales. Elle peut également être alimentée par des pensées envahissantes, des inquiétudes constantes, ou des pressions que nous nous imposons nous-mêmes. Cela crée un cercle vicieux où plus nous essayons de tout contrôler, plus nous nous sentons débordés.

Dans une société où l'information est omniprésente et où la productivité est valorisée au détriment du bien-être, la surcharge mentale est devenue un problème courant. Elle illustre le déséquilibre entre les exigences de notre environnement et notre capacité à les gérer sereinement. Comprendre ce qu'est la surcharge mentale permet d'apprendre à la reconnaître et à la surmonter.

Les symptômes de la surcharge mentale se manifestent de différentes manières, affectant à la fois le corps, l'esprit et les émotions. Bien qu'ils puissent varier d'une personne à l'autre, certains signes communs permettent de repérer cet état

L'un des premiers signes de la surcharge mentale est l'incapacité à rester focalisé sur une tâche précise. L'esprit divague constamment entre les préoccupations, les tâches à accomplir, et les distractions extérieures. Il devient difficile de hiérarchiser les priorités ou même de se souvenir de ce que l'on faisait il y a quelques minutes.

Quand le cerveau est surchargé, il a du mal à gérer les informations de manière efficace. Cela se traduit par des oublis réguliers : des rendez-vous manqués, des objets égarés, ou des détails importants complètement effacés de la mémoire.

Cette surcharge mentale s'accompagne souvent d'un sentiment d'épuisement permanent. Même après une nuit de sommeil, on se sent vidé, car le cerveau n'a pas eu l'occasion de se reposer réellement. Cela peut également entraîner une fatigue physique, car le stress mental sollicite intensément le corps.

Un esprit surchargé est plus sensible aux petites contrariétés. Des situations banales peuvent devenir insupportables, et les relations avec les autres en pâtissent. On se sent souvent sur les nerfs, réagissant de manière excessive à des événements mineurs. Face à une accumulation de tâches et de choix, on peut se retrouver incapable de prendre une décision ou de passer à l'action. La liste des choses à faire semble si écrasante qu'elle paralyse complètement.

L'esprit surchargé ne s'arrête jamais. Même au repos, il continue de ruminer des idées, des scénarios, et des préoccupations. Ces pensées répétitives et intrusives empêchent de profiter de moments de calme ou de se détendre pleinement. Les difficultés à s'endormir, les réveils fréquents, ou encore l'impression de ne pas être reposé après une nuit sont fréquents. L'esprit continue de travailler même pendant les heures censées être dédiées au repos.

Les symptômes physiques

Le stress mental intense peut se traduire par des manifestations physiques, comme des maux de tête, des douleurs musculaires, ou des troubles digestifs. Ces symptômes sont souvent des signaux d'alerte indiquant que le corps et l'esprit sont surmenés. Avec un esprit surchargé, même les activités que l'on apprécie habituellement deviennent des corvées. Une perte d'intérêt pour les loisirs, le travail, ou les relations sociales est un indicateur courant de la surcharge mentale.

Enfin, un symptôme clé est le sentiment constant de ne pas avoir assez de temps ou de ressources pour tout gérer. Cela peut provoquer une anxiété croissante, où chaque petite tâche semble insurmontable.

Reconnaître ces symptômes est essentiel pour intervenir avant que la surcharge mentale ne se transforme en épuisement complet ou en troubles plus graves. Des solutions comme le minimalisme mental peuvent ensuite être mises en place pour alléger cette charge et retrouver un équilibre.

Pourquoi nos cerveaux sont-ils surchargés ?

Nos cerveaux sont surchargés en grande partie à cause des exigences et des caractéristiques de la société moderne. Dans un environnement où tout va de plus en plus vite, où l'information est omniprésente et où la pression pour réussir est constante, notre esprit est soumis à une sollicitation intense et continue. Plusieurs facteurs expliquent cet état de surcharge mentale.

L'une des principales raisons est l'explosion des flux d'information. Nous vivons à une époque où les données circulent à une vitesse fulgurante, accessibles à tout moment grâce à nos smartphones, ordinateurs et autres appareils connectés. Chaque jour, nous sommes exposés à des centaines, voire des milliers de messages, notifications et sollicitations. Cette abondance d'informations dépasse la capacité naturelle de notre cerveau à trier et traiter ce qui est pertinent, créant un bruit constant qui alourdit notre esprit.

Un autre facteur majeur est la culture du multitâche, souvent glorifiée comme un signe d'efficacité. Dans le travail comme dans la vie personnelle, on nous encourage à accomplir plusieurs tâches simultanément : répondre à un email tout en écoutant un appel, ou planifier une réunion pendant que l'on prépare le dîner. Cependant, notre cerveau n'est pas conçu pour jongler efficacement entre plusieurs actions complexes. Ce mode de fonctionnement fragmenté génère un stress supplémentaire et altère notre concentration.

La pression sociale et professionnelle joue également un rôle important. On attend de nous que nous soyons performants au travail, impliqués dans nos relations personnelles, et attentifs à notre développement personnel. Ces attentes, souvent irréalistes, créent une charge mentale immense. Nous nous retrouvons à porter le poids d'objectifs multiples, parfois contradictoires, tout en cherchant à satisfaire les attentes des autres.

La technologie contribue également à cette surcharge. Les outils numériques, bien qu'utiles, favorisent une hyperconnectivité qui empêche le cerveau de se reposer. Les notifications constantes, les emails qui arrivent à toute heure et les réseaux sociaux qui captent notre attention provoquent une sollicitation continue de notre esprit. Cette hyperconnexion réduit les moments de calme nécessaires pour que le cerveau puisse se ressourcer et intégrer les informations.

Enfin, notre propre mentalité y participe. Nous avons tendance à croire que plus nous faisons, plus nous valons. Cette croyance nous pousse à remplir nos journées jusqu'à la dernière minute, à chercher constamment à être productifs, et à négliger l'importance du repos. Nous oublions que notre cerveau a des limites et qu'il a besoin d'espace pour traiter les informations, se détendre et retrouver son équilibre.

En somme, nos cerveaux sont surchargés parce que nous vivons dans une société qui valorise l'abondance, la rapidité, et la productivité au détriment de la simplicité, de la lenteur, et du calme. Comprendre ces mécanismes est essentiel pour commencer à alléger cette charge et offrir à notre esprit le repos et la clarté dont il a besoin.

Les impacts sur la vie quotidienne

La surcharge mentale, bien que souvent invisible, a des impacts profonds sur la vie quotidienne. Elle modifie notre façon de fonctionner, d'interagir avec les autres et d'appréhender les défis. Ces répercussions, parfois subtiles au départ, s'intensifient si la surcharge persiste, affectant de nombreux aspects de notre existence.

D'abord, elle fragilise notre capacité à gérer le quotidien. Les tâches les plus simples, comme préparer un repas, répondre à un message ou organiser sa journée, deviennent rapidement écrasantes. Chaque petite action semble demander un effort démesuré, ce qui entraîne un sentiment de frustration et d'impuissance. Ce poids constant alourdit nos journées et nous donne l'impression de courir après le temps sans jamais pouvoir rattraper ce qui reste à faire.

Sur le plan relationnel, la surcharge mentale affecte la qualité de nos interactions. L'esprit constamment préoccupé laisse peu de place pour être pleinement présent avec les autres. Cela peut conduire à des malentendus, un manque d'écoute ou une irritabilité qui altèrent les relations avec les proches, les collègues ou les amis. Les moments de convivialité, qui devraient être sources de plaisir et de réconfort, se transforment souvent en obligations perçues comme supplémentaires, amplifiant encore le stress.

Cette surcharge impacte également la prise de décision. Lorsqu'on est mentalement saturé, il devient difficile de faire des choix, même les plus insignifiants. Ce phénomène, connu sous le nom de "fatigue décisionnelle", ralentit nos réflexions et peut nous pousser à procrastiner ou à prendre des décisions impulsives. À long terme, cela crée un cercle vicieux où chaque choix reporté s'ajoute à une liste déjà interminable de choses à gérer.

Au-delà de l'organisation pratique, la surcharge mentale altère aussi notre perception de nous-mêmes. Elle peut générer un sentiment de culpabilité ou d'inadéquation, car on se sent incapable de répondre à toutes les attentes, qu'elles soient extérieures ou auto-imposées. Cette pression interne nourrit une baisse de confiance en soi, ce qui impacte nos ambitions et nos projets personnels.

Enfin, sur le plan émotionnel, la surcharge mentale réduit notre capacité à apprécier les plaisirs simples de la vie. Elle nous enferme dans une boucle d'anticipation anxieuse, toujours tournée vers ce qui reste à faire, plutôt que vers ce qui est déjà accompli. Cette incapacité à savourer l'instant présent érode lentement notre bien-être, transformant chaque journée en une succession de contraintes plutôt qu'en une série d'opportunités pour s'épanouir.

Ces impacts, bien qu'ils puissent sembler fragmentés, se cumulent et finissent par transformer profondément notre expérience du quotidien. Reprendre le contrôle sur cette surcharge devient alors indispensable pour retrouver un équilibre et profiter pleinement de la vie.

Chapitre 2 : Les principes du minimalisme mental

Le minimalisme appliqué à l'esprit

Le minimalisme appliqué à l'esprit est une philosophie qui consiste à libérer notre mental de tout ce qui l'encombre inutilement, pour se concentrer sur l'essentiel. À l'instar du minimalisme matériel, qui prône la réduction des possessions superficielles pour privilégier la qualité et la simplicité, le minimalisme mental vise à alléger nos pensées, nos responsabilités, et nos engagements pour retrouver une clarté intérieure. Cette approche ne signifie pas fuir les obligations ou ignorer les défis, mais plutôt choisir intentionnellement ce qui mérite notre attention et ce qui peut être laissé de côté.

L'esprit, tout comme un espace physique, peut facilement se remplir de désordre. Les pensées incessantes, les préoccupations multiples, et les distractions permanentes créent un bruit constant qui altère notre capacité à réfléchir et à agir avec discernement. En appliquant les principes du minimalisme à notre esprit, nous apprenons à trier ces éléments, à reconnaître ce qui est réellement important et à abandonner ce qui ne l'est pas. Ce processus exige de la lucidité et une certaine discipline, car il implique de renoncer à des schémas de pensée profondément enracinés, comme le perfectionnisme ou la peur de manquer quelque chose.

Le minimalisme mental invite également à repenser notre rapport au temps. Dans une société où l'urgence est omniprésente, il est facile de se laisser entraîner dans un tourbillon d'activités qui ne contribuent pas à notre bien-être ou à nos objectifs réels. En ralentissant et en priorisant, on découvre que beaucoup de tâches perçues comme indispensables ne le sont pas. Ce recentrage permet non seulement de dégager du temps pour les choses qui comptent vraiment, mais aussi de savourer chaque instant avec une présence accrue. Le minimalisme mental transforme ainsi la gestion du temps en une gestion de l'attention : plutôt que de courir après les heures, on apprend à les vivre pleinement.

Cette philosophie va également au-delà de la simple réduction des stimulations extérieures. Elle nous encourage à cultiver une relation plus apaisée avec nos pensées et nos émotions. Plutôt que de chercher à contrôler ou à supprimer les pensées négatives, le minimalisme mental enseigne l'acceptation et le lâcher-prise. En laissant passer ces pensées comme des nuages dans le ciel, sans s'y accrocher ni leur accorder trop d'importance, on libère de l'espace mental pour des idées et des émotions plus constructives. Cet état d'esprit favorise une paix intérieure durable, car il repose sur une diminution des attentes excessives envers soi-même et les autres.

En fin de compte, le minimalisme appliqué à l'esprit est un chemin vers la liberté intérieure. En simplifiant notre monde mental, nous libérons de l'énergie pour créer, aimer, et apprécier la vie telle qu'elle est, plutôt que telle qu'elle devrait être selon des standards imposés. Ce processus ne se fait pas en un jour, mais chaque petit pas vers un esprit plus léger apporte un sentiment de sérénité et de maîtrise qui enrichit profondément notre quotidien.

Différence entre "faire moins" et "faire mieux"

La différence entre "faire moins" et "faire mieux" réside dans l'intention et la qualité de l'approche que l'on adopte face aux tâches, aux responsabilités et aux objectifs. Bien que ces deux concepts puissent sembler similaires à première vue, ils répondent à des dynamiques très différentes.

"Faire moins" implique une réduction quantitative. C'est l'idée de supprimer ou d'éviter une partie des tâches pour alléger sa charge de travail ou son quotidien. Cela peut signifier déléguer, procrastiner, ou même abandonner des activités jugées secondaires. Cette approche vise à diminuer la pression immédiate, mais elle n'interroge pas nécessairement la valeur des tâches éliminées ni leur impact sur nos priorités à long terme. En d'autres termes, "faire moins" s'apparente souvent à un soulagement temporaire, mais il ne garantit pas que ce qui reste contribue à nos objectifs ou à notre bien-être.

"Faire mieux", en revanche, repose sur une approche qualitative. Ce concept invite à sélectionner et à optimiser ce que l'on fait, en se concentrant uniquement sur les actions qui ont un impact significatif ou qui alignent nos efforts avec nos valeurs et objectifs essentiels. Il ne s'agit pas simplement de réduire le nombre de tâches, mais de leur accorder davantage de sens et d'attention. En "faisant mieux", on investit pleinement dans ce qui compte vraiment, ce qui peut transformer une même action en quelque chose de plus productif, gratifiant ou durable.

La différence fondamentale entre les deux concepts se trouve donc dans la profondeur de la réflexion. "Faire moins" est une réponse à la surcharge, une tentative de reprendre son souffle. "Faire mieux" va plus loin, en exigeant de prendre du recul pour redéfinir ses priorités et agir avec une intention claire. Là où "faire moins" peut parfois conduire à une simple évitement ou à une réduction arbitraire, "faire mieux" demande de la stratégie et une certaine discipline.

Par exemple, dans un contexte professionnel, "faire moins" pourrait consister à reporter certaines réunions ou à ignorer quelques emails non urgents. En revanche, "faire mieux" consisterait à réorganiser entièrement son emploi du temps pour ne consacrer son énergie qu'aux projets ayant un réel impact, tout en optimisant les méthodes de travail pour être plus efficace. Cette différence de perspective permet non seulement de réduire la charge mentale, mais aussi de renforcer la satisfaction et les résultats obtenus.

En somme, "faire moins" est une étape souvent nécessaire pour sortir d'un état de surcharge, mais "faire mieux" est une démarche plus proactive et durable, qui transforme notre manière d'aborder les défis et d'utiliser notre temps. C'est en apprenant à conjuguer ces deux approches que l'on peut véritablement atteindre un équilibre entre productivité et bien-être.

L'importance de l'intentionnalité

L'intentionnalité est essentielle car elle agit comme un guide qui donne du sens et une direction claire à nos actions, nos pensées et nos décisions. Nous sommes constamment sollicités par des distractions, des obligations et des attentes externes, l'intentionnalité nous permet de ne pas nous perdre dans l'urgence ou la superficialité. Elle nous aide à vivre en accord avec nos valeurs et nos objectifs profonds, plutôt que de simplement réagir à ce qui se présente à nous.

Être intentionnel, c'est agir en conscience, avec une raison claire derrière chaque choix. Cela implique de se poser la question fondamentale : "Pourquoi est-ce que je fais cela ?" Au lieu d'agir par automatisme ou par habitude, on choisit d'investir son énergie et son attention dans des activités qui apportent réellement de la valeur, que ce soit sur le plan personnel, professionnel ou relationnel. Cette approche transforme la manière dont on perçoit et utilise son temps, en nous libérant de l'impression de "courir après la montre" pour nous ancrer dans des actions significatives.

L'intentionnalité est également un puissant antidote à la surcharge mentale. Lorsque l'on agit sans intention claire, on accumule des tâches, des engagements ou des pensées inutiles qui viennent encombrer notre esprit. En revanche, en pratiquant l'intentionnalité, on apprend à filtrer ce qui est pertinent de ce qui ne l'est pas. Cela ne signifie pas nécessairement faire moins, mais plutôt faire mieux, en alignant nos efforts sur ce qui compte vraiment. Ce tri mental offre un sentiment de clarté et réduit le stress lié à la dispersion.

Un autre aspect clé de l'intentionnalité est son impact sur notre satisfaction et notre bien-être. Lorsque nous vivons de manière intentionnelle, nous sommes plus présents et connectés à ce que nous faisons. Une simple action, comme passer du temps avec ses proches ou travailler sur un projet, devient plus enrichissante lorsque nous y mettons une intention claire. Cela nous permet également de mieux apprécier les petits plaisirs de la vie, car chaque moment est vécu avec une conscience accrue, plutôt que dans l'automatisme ou la distraction.

Enfin, l'intentionnalité favorise un sentiment d'accomplissement et de contrôle sur sa vie. En ayant une direction claire, on évite de se disperser ou de se laisser emporter par des priorités qui ne sont pas les nôtres. On devient acteur de son propre parcours, plutôt que spectateur passif des circonstances extérieures. Cet alignement entre nos actions et nos intentions crée une cohérence intérieure qui renforce la confiance en soi et le sentiment de vivre pleinement.

En résumé, l'intentionnalité est le fondement d'une vie équilibrée et épanouissante. Elle nous aide à avancer avec clarté et sérénité dans la complexité de notre environnement, en faisant des choix en accord avec ce qui compte vraiment pour nous. Cultiver l'inten-tionnalité, c'est apprendre à vivre non pas selon les attentes des autres ou les diktats de la société, mais selon nos propres valeurs et aspirations.

Les avantages d'un esprit minimaliste

Un esprit minimaliste offre de nombreux avantages qui vont bien au-delà de la simple réduction de la surcharge mentale. En se débarrassant du superflu, il devient possible d'accéder à une forme de liberté intérieure qui transforme la manière dont nous percevons et vivons notre quotidien. Ces bénéfices s'étendent à la fois à notre bien-être personnel, à nos relations, et à notre capacité à accomplir nos objectifs avec plus d'efficacité.

L'un des premiers avantages est la création d'un espace mental propice à la créativité et à l'innovation. Lorsque l'esprit est encombré par des préoccupations constantes ou des tâches multiples, il reste bloqué dans une logique réactive. En revanche, un esprit allégé dispose de la capacité de réfléchir de manière plus profonde, d'explorer de nouvelles idées et de développer des solutions créatives. La simplicité mentale permet ainsi de libérer un potentiel souvent étouffé par le bruit ambiant.

Un autre bénéfice significatif est l'amélioration de la qualité des décisions. Avec moins de distractions et de pensées parasites, l'esprit peut se concentrer sur ce qui est réellement important. Cela conduit à des choix plus alignés avec nos valeurs et nos priorités, et réduit les regrets ou les hésitations. Cette clarté décisionnelle permet également de mieux anticiper les conséquences de nos actions, renforçant ainsi notre sentiment de maîtrise et de contrôle sur notre vie.

L'esprit minimaliste favorise également une connexion plus profonde avec le moment présent. En réduisant les pensées qui tirent vers le passé ou projettent anxieusement dans l'avenir, il devient plus facile de savourer pleinement ce qui se passe ici et maintenant. Cette présence accrue enrichit les expériences quotidiennes, qu'il s'agisse de moments de détente, d'interactions avec les autres, ou de simples instants de contemplation.

Sur le plan émotionnel, un esprit minimaliste aide à réduire le stress et l'anxiété. En éliminant les préoccupations inutiles et en se concentrant sur ce qui peut être contrôlé ou influencé, on évite de s'épuiser sur des scénarios hypothétiques ou des situations qui échappent à notre pouvoir. Cela renforce également la résilience face aux défis, car un esprit clair et reposé est mieux préparé à gérer les imprévus avec calme et lucidité.

Enfin, il contribue à un sentiment global de satisfaction et d'épanouissement. En se focalisant sur l'essentiel, on accorde plus de valeur à ce que l'on possède et à ce que l'on accomplit, plutôt que de courir après des objectifs imposés ou des attentes extérieures. Cette approche favorise une vie plus authentique et alignée, où chaque action est porteuse de sens et de cohérence.

En somme, un esprit minimaliste c'est un moyen de réduire la charge mentale ; c'est une invitation à vivre une vie plus riche, plus consciente et plus intentionnelle. Les avantages qu'il procure touchent toutes les dimensions de notre existence, de nos performances à notre bien-être émotionnel, en passant par nos relations et notre vision de nous-mêmes.

Clarté, créativité, sérénité

1. Clarté

Un esprit minimaliste apporte une clarté mentale précieuse en filtrant les distractions et les pensées superflues qui encombrent notre esprit. Cette clarté permet de voir les choses telles qu'elles sont réellement, sans l'opacité créée par des préoccupations inutiles ou des informations parasites. Avec un esprit allégé, il devient plus facile de hiérarchiser les priorités et de prendre des décisions éclairées. La clarté mentale nous aide également à mieux comprendre nos propres émotions, nos motivations et nos objectifs. Au lieu d'être submergé par un tourbillon de pensées contradictoires, on peut se concentrer pleinement sur ce qui compte vraiment. Cela offre non seulement un sentiment de contrôle, mais aussi une meilleure capacité à résoudre des problèmes complexes en les abordant avec une vision limpide et organisée.

1. Créativité

La créativité prospère dans un esprit calme et dégagé des surcharges inutiles. Lorsque notre cerveau n'est pas accaparé par des stimuli incessants ou des tâches secondaires, il peut explorer librement des idées nouvelles et originales. Un esprit minimaliste crée un espace intérieur où l'imagination peut s'épanouir. En éliminant le bruit mental, on libère de l'énergie cognitive qui peut être investie dans des projets créatifs, que ce soit pour résoudre des problèmes, inventer des concepts innovants, ou s'exprimer à travers l'art, l'écriture, ou toute autre forme de création. Par ailleurs, la clarté mentale qu'apporte le minimalisme facilite également l'établissement de connexions inattendues entre des idées ou des expériences apparemment sans lien, un élément clé de la créativité. Ce processus est amplifié par une présence accrue dans l'instant, car un esprit libéré est plus réceptif à l'inspiration qui peut surgir à tout moment.

1. **Sérénité**

L'un des plus grands bienfaits d'un esprit minimaliste est la sérénité qu'il procure. En réduisant la charge mentale, on diminue également le stress et l'agitation intérieure. Le minimalisme mental invite à lâcher prise sur ce qui ne peut être contrôlé ou ce qui n'a pas d'importance réelle, ce qui libère l'esprit des pensées répétitives et des préoccupations incessantes. Cette sérénité est renforcée par une capacité accrue à vivre dans le moment présent, sans être constamment tiraillé entre le passé et l'avenir. Avec un esprit apaisé, il devient plus facile de gérer les défis de la vie avec calme et résilience, car les réactions émotionnelles excessives sont atténuées. La sérénité mentale, loin d'être une absence de pensée ou de stimulation, est un état de paix intérieure où l'on peut s'aventurer dans la vie avec plus de légèreté et d'équilibre. C'est un socle stable qui permet d'affronter les hauts et les bas du quotidien sans se laisser submerger.

Chapitre 3 : Identifiez votre surcharge

Auto-évaluation : Qu'est-ce qui surcharge votre esprit ?

Faire une auto-évaluation pour identifier ce qui surcharge votre esprit est une étape essentielle pour retrouver de la clarté et réduire la pression mentale. Cette démarche implique de prendre un moment pour analyser vos pensées, vos habitudes, et vos responsabilités afin de déterminer les principales sources de surcharge. Voici un guide détaillé pour vous aider à explorer ce processus.

Commencez par observer vos pensées au quotidien. Quelles préoccupations reviennent le plus souvent dans votre esprit ? Il peut s'agir de soucis financiers, de responsabilités professionnelles, de conflits relationnels, ou d'incertitudes concernant l'avenir. Ces pensées récurrentes sont souvent des indicateurs des domaines où votre esprit est surchargé. Demandez-vous également si ces préoccupations sont liées à des situations concrètes que vous pouvez contrôler, ou si elles relèvent de l'anticipation ou de l'inquiétude pour des choses hors de votre portée.

Examinez ensuite votre emploi du temps et vos engagements. Votre journée est-elle remplie d'obligations que vous avez du mal à accomplir ? Peut-être acceptez-vous trop de responsabilités au travail, ou peut-être que votre vie personnelle est encombrée par des activités ou des relations qui ne vous apportent pas de satisfaction. Notez les moments où vous vous sentez dépassé, et cherchez à comprendre si cela est dû à une surcharge d'activités ou à une mauvaise gestion des priorités.

Les outils numériques et la technologie jouent également un rôle clé dans la surcharge mentale. Analysez votre utilisation des écrans et des réseaux sociaux. Passez-vous beaucoup de temps à consommer des informations sans but précis ? Les notifications incessantes et le sentiment de devoir répondre immédiatement à chaque message peuvent être de grandes sources de stress. Réfléchissez à la manière dont la technologie affecte votre capacité à vous concentrer ou à profiter pleinement de vos moments de détente.

Les attentes, qu'elles soient externes ou auto-imposées, contribuent souvent à la surcharge mentale. Interrogez-vous sur les standards que vous vous imposez. Essayez-vous de tout faire parfaitement ? Avez-vous l'impression que les autres attendent de vous un certain niveau de performance ou de disponibilité ? Parfois, ces attentes ne sont qu'une projection de nos propres peurs ou insécurités, mais elles peuvent peser lourdement sur notre esprit.

Enfin, explorez votre rapport à vos émotions et à vos pensées. Vous arrive-t-il de ressasser des événements passés ou d'anticiper des scénarios futurs ? Ces boucles de pensées peuvent être particulièrement épuisantes. Identifiez les moments où vos pensées semblent tourner en rond, et demandez-vous si elles apportent réellement une solution ou si elles vous maintiennent dans un état de tension inutile.

Une fois cette auto-évaluation terminée, vous aurez une meilleure idée des facteurs qui surchargent votre esprit. Cela vous permettra de prendre des mesures concrètes pour réduire ces sources de stress, comme réorganiser vos priorités, limiter vos engagements, ou adopter des pratiques pour apaiser votre mental, telles que la méditation ou la déconnexion numérique. Cette introspection est le premier pas vers un esprit plus léger et une vie plus sereine.

Voici un questionnaire et des solutions afin de vous aider à identifier les sources principales de surcharge mentale dans votre vie et à trouver des solutions adaptées pour alléger votre esprit. Munissez-vous d'une feuille t d'un crayon et prenez le temps de répondre honnêtement aux questions, et utilisez les solutions proposées pour chaque domaine identifié comme une source de stress.

Questionnaire

1. Pensez-vous souvent à des préoccupations récurrentes ? Si oui, lesquelles ?

2. Avez-vous l'impression que votre emploi du temps est constamment surchargé ? Quels sont vos principaux engagements ?

3. Passez-vous beaucoup de temps à consommer des informations (réseaux sociaux, actualités, emails) ? Cela vous apporte-t-il de la valeur ou du stress ?

4. Acceptez-vous souvent des responsabilités ou des tâches que vous aimeriez refuser ? Pourquoi ?

5. Ressentez-vous une pression à répondre à des attentes élevées (imposées par vous-même ou par les autres) ? Quels sont ces standards ?

6. Avez-vous tendance à ruminer des événements passés ou à anticiper des scénarios futurs de manière excessive ? Décrivez ces pensées.

7. À quels moments de la journée vous sentez-vous le plus stressé ou submergé ? Que faites-vous à ces moments-là ?

Solutions pour alléger la surcharge mentale

1. Identifiez vos préoccupations principales : Notez-les sur papier, puis classez-les selon ce que vous pouvez contrôler et ce qui échappe à votre influence. Concentrez vos efforts sur les aspects que vous pouvez gérer.

2. Réduisez votre emploi du temps : Priorisez les tâches essentielles et déléguez ou reportez les engagements non urgents. Apprenez à dire non lorsque cela est nécessaire pour préserver votre bien-être.

3. Limitez la consommation numérique : Désactivez les notifications non essentielles, fixez des plages horaires pour consulter vos emails ou les réseaux sociaux, et privilégiez les activités qui nourrissent votre esprit.

4. Réfléchissez avant d'accepter une tâche : Avant de dire oui à une nouvelle responsabilité, demandez-vous si elle est alignée avec vos priorités et vos capacités actuelles.

5. Revoyez vos attentes : Challengez les standards que vous vous imposez. Demandez-vous si vos attentes sont réalistes et si elles reflètent vos propres désirs ou ceux des autres.

6. Adoptez des techniques pour apaiser vos pensées : Essayez des exercices de pleine conscience, de respiration ou de méditation pour réduire les ruminations et revenir au moment présent.

7. Créez des routines pour vos moments de stress : Identifiez des activités apaisantes à intégrer dans votre journée, comme une promenade, un moment de lecture, ou une courte pause loin des écrans.

Les catégories de surcharge et comment y en venir à bout

1. La surcharge informationnelle

Les emails, les notifications, les actualités, et les réseaux sociaux bombardent constamment notre esprit. Cette surcharge informationnelle rend difficile le tri entre ce qui est utile et ce qui est superflu, conduisant à une saturation cognitive. Les informations inutiles ou anxiogènes consomment une énergie mentale précieuse et empêchent la concentration sur des sujets réellement importants.

Prenons un moment pour réfléchir à votre quotidien. Combien de fois par jour sentez-vous cette petite pression de "devoir vérifier" quelque chose ? Les emails qui s'accumulent, les notifications qui clignotent, ou ce réflexe de scroller sur votre téléphone sans même vous en rendre compte. Pas de panique, on est nombreux à fonctionner comme ça. Mais aujourd'hui, je vais vous montrer comment reprendre doucement le contrôle.

✓ **Étape 1 : Créer des plages horaires dédiées**

Prenez une feuille ou ouvrez une application de notes. Listez les moments de la journée où vous consultez vos emails, vos réseaux sociaux ou les actualités. Maintenant, posez-vous cette question : est-ce que j'ai besoin de le faire aussi souvent ? Probablement pas. Alors, fixons deux plages horaires bien définies. Par exemple : 10 minutes le matin pour les emails, 10 minutes après le déjeuner pour les actualités. Le reste du temps, éteignez ou désactivez ces notifications. Essayez cela pendant une journée ou deux. Vous verrez, cette simple limite peut déjà apaiser votre esprit.

✓ **Étape 2 : Faites un "nettoyage numérique"**

Vous savez cette sensation d'être submergé par des emails inutiles ou des comptes Instagram qui ne vous inspirent pas vraiment ? Prenez une heure ce week-end, installez-vous confortablement, et commencez à faire du tri. Désabonnez-vous des newsletters que vous n'ouvrez jamais. Désactivez les notifications des applications que vous utilisez à peine. Et sur vos réseaux sociaux, posez-vous cette question : "Est-ce que ce compte m'apporte vraiment quelque chose ?" Si la réponse est non, hop, on unfollow. Ce processus peut paraître anodin, mais il libère une énergie mentale énorme.

✓ Étape 3 : Planifiez une détox numérique

Pas besoin de tout abandonner du jour au lendemain, mais essayez un petit exercice : choisissez une journée ou une demi-journée dans la semaine où vous déconnectez complètement. Pas de téléphone, pas de réseaux sociaux, pas d'emails. Prévenez vos proches si besoin, pour éviter l'anxiété de "manquer" quelque chose. Ensuite, remplacez ce temps par une activité qui vous nourrit vraiment : une promenade, un bon livre, ou même juste du repos. Vous serez surpris de combien votre esprit se sentira plus léger.

✓ Étape 4 : Simplifiez vos sources d'information

Vous n'avez pas besoin de tout savoir, tout le temps. Choisissez une ou deux sources fiables pour vous tenir informé. Par exemple, un résumé quotidien des actualités le matin ou un journal télévisé le soir. Le reste, laissez tomber. Vous ne ratez rien d'essentiel, je vous promets. Si quelque chose d'important arrive, vous finirez par en entendre parler de toute façon. Moins d'informations, mais mieux ciblées, c'est la clé.

✓ Étape 5 : Donnez-vous la permission de ne pas tout savoir

C'est peut-être le conseil le plus important. Vous n'êtes pas obligé de suivre toutes les tendances, de répondre immédiatement à chaque email ou de lire tous les articles partagés dans votre groupe WhatsApp. Apprenez à vous dire : "*Ce n'est pas grave si je ne le fais pas.*" Lâcher prise sur cette obligation auto-imposée est libérateur.

Et maintenant, on teste !

Mettez en pratique une ou deux de ces étapes dès aujourd'hui. Pas besoin de tout révolutionner d'un coup, allez-y doucement. Peut-être commencez par désactiver vos notifications ou planifier une détox numérique ce week-end. Chaque petit pas compte, et vous en êtes capable. Vous méritez un esprit apaisé, et avec un peu de pratique, vous l'aurez.

2. La surcharge émotionnelle

Les émotions non gérées ou mal comprises peuvent rapidement envahir l'esprit. Cette surcharge peut provenir de relations complexes, de conflits non résolus, ou de pressions sociales. Les émotions comme l'anxiété, la culpabilité ou la tristesse, lorsqu'elles sont répétées ou amplifiées, pèsent lourdement sur notre bien-être mental. De plus, les attentes extérieures et les jugements sociaux peuvent exacerber cette pression émotionnelle.

Étape 1 : Prenez le temps d'écouter vos émotions

D'abord, arrêtez-vous une minute. Respirez profondément. Oui, là, maintenant. Comment vous sentez-vous ? Est-ce de l'anxiété, de la tristesse, de la colère, ou juste un flou émotionnel ? Il n'y a pas de bonne ou de mauvaise réponse. Le simple fait de nommer ce que vous ressentez, même approximativement, est un premier pas vers la gestion de vos émotions. Par exemple, dites-vous : "En ce moment, je me sens tendu à cause de mon travail" ou "Je suis triste, mais je ne sais pas pourquoi." Ces mots, aussi simples soient-ils, vous aideront à prendre conscience de ce qui se passe en vous.

Étape 2 : Faites le tri dans ce que vous ressentez

Vous avez sûrement beaucoup d'émotions qui se croisent, parfois en même temps. Maintenant, posez-vous cette question : "Parmi tout ce que je ressens, qu'est-ce qui est vraiment important ?" Certaines émotions méritent d'être explorées (comme une tristesse qui vient d'une perte ou un conflit qui vous pèse), tandis que d'autres sont des réflexes ou des tensions passagères. Si une émotion n'a pas besoin de toute votre attention, essayez de la laisser passer, comme un nuage dans le ciel. Visualisez-la s'éloigner doucement, et recentrez-vous sur celles qui comptent vraiment.

Étape 3 : Exprimez ce que vous ressentez

Les émotions refoulées sont les championnes pour encombrer votre esprit. Vous n'avez pas besoin d'être un grand orateur pour vous libérer. Prenez un journal, un carnet, ou même une feuille volante, et écrivez ce que vous ressentez, sans filtre. Peu importe si c'est brouillon, personne ne va lire. Vous pouvez aussi en parler à quelqu'un en qui vous avez confiance, quelqu'un qui écoute sans juger. Juste le fait de verbaliser vos émotions peut alléger une grande partie de votre charge émotionnelle.

Étape 4 : Prenez soin de votre corps

Il est facile d'oublier que nos émotions sont liées à notre corps. Lorsque vous êtes submergé émotionnellement, votre corps vous envoie des signaux : des tensions dans les épaules, un souffle court, une fatigue inexpliquée. Prenez un moment pour bouger : allez marcher, dansez sur une chanson qui vous plaît, ou essayez quelques étirements. Une fois que votre corps se détend, votre esprit suivra. Même une respiration profonde et lente pendant deux minutes peut transformer votre état d'esprit.

Étape 5 : Fixez des limites émotionnelles

Les relations et interactions avec les autres sont souvent une grande source de surcharge émotionnelle. Il est important de vous rappeler que vous n'êtes pas responsable de résoudre les problèmes de tout le monde. Si vous sentez qu'une conversation ou une situation devient trop lourde, donnez-vous la permission de mettre une limite : "Je t'écoute, mais j'ai besoin de temps pour moi ensuite," ou "Je comprends ce que tu ressens, mais je ne peux pas t'aider avec ça aujourd'hui." Vous avez le droit de préserver votre énergie émotionnelle.

Étape 6 : Apprenez à vous apaiser

Quand une émotion devient trop intense, essayez une technique d'apaisement. Par exemple, mettez votre main sur votre cœur et respirez lentement, en vous répétant une phrase douce comme : "C'est OK de ressentir ça. Ça va passer." Ou plongez-vous dans une activité qui vous apaise, comme écouter une musique douce, dessiner, ou préparer une tasse de thé en pleine conscience. L'idée est de créer un espace où vous pouvez calmer la tempête, même temporairement.

Étape 7 : Prenez du recul avec la pleine conscience

Souvent, les émotions nous submergent parce que nous nous y accrochons trop. Essayez cet exercice : asseyez-vous calmement, fermez les yeux, et imaginez que vous regardez vos émotions de l'extérieur, comme un observateur. Visualisez-les comme des vagues sur une plage ou des feuilles qui flottent sur une rivière. Cela ne supprime pas vos émotions, mais vous aide à les voir avec plus de détachement.

Étape 8 : Acceptez ce que vous ne pouvez pas contrôler

Une grande partie de la surcharge émotionnelle vient de choses que nous ne pouvons pas changer : les décisions des autres, les imprévus, ou le passé. Rappelez-vous que certaines choses sont hors de votre portée, et qu'il est inutile de vous battre contre elles. Concentrez-vous sur ce que vous pouvez influencer : vos réactions, vos choix, et votre bien-être.

Commencez doucement. Peut-être en écrivant vos pensées ce soir, ou en prenant cinq minutes pour respirer profondément demain matin. Vous n'avez pas à tout changer d'un coup. Chaque petite action est un pas vers un esprit plus apaisé. Vous êtes en chemin, et c'est déjà une victoire

3. La surcharge décisionnelle

La prise de décisions est une activité mentale exigeante, et lorsqu'on est confronté à un trop grand nombre de choix, cela peut devenir accablant. Chaque jour, nous devons décider de petites choses (comme quoi manger) et de grandes choses (comme des choix professionnels ou personnels). Lorsque les décisions s'accumulent sans hiérarchisation ou sans pause, elles mènent à une "fatigue décisionnelle" qui réduit notre efficacité et augmente le stress.

Étape 1 : Reconnaître que toutes les décisions n'ont pas la même importance

Prenez un moment pour réfléchir à la liste de vos décisions récentes. Vous avez peut-être dû choisir entre différentes options pour le dîner, répondre à des emails urgents, ou planifier une grande décision pour votre avenir. Maintenant, posez-vous cette question : "Parmi ces décisions, lesquelles ont un réel impact à long terme ?" La vérité, c'est que beaucoup de décisions quotidiennes ne méritent pas autant d'énergie mentale. Par exemple, passer cinq minutes à choisir entre un thé ou un café épuise votre cerveau inutilement. Essayez de classer vos décisions en deux catégories : essentielles et secondaires. Pour les décisions secondaires, permettez-vous d'aller au plus simple, sans culpabilité.

Étape 2 : Simplifiez vos choix

Trop d'options, c'est comme trop d'informations : ça fatigue. Si vous êtes confronté à un choix avec une multitude d'options (par exemple, quoi manger, quoi porter, ou quoi acheter), réduisez le champ des possibilités. Choisissez trois options maximum. Si c'est difficile, basez-vous sur des critères simples, comme ce qui est disponible, rapide, ou familier. Cela ne rend pas le choix moins valable, mais il devient beaucoup plus facile à faire.

Étape 3 : Mettez en place des routines pour les décisions récurrentes

Certaines décisions reviennent chaque jour : "Qu'est-ce que je mange ? Qu'est-ce que je porte ? À quelle heure je fais cette tâche ?" Créer des routines ou des systèmes permet de réduire cette charge. Par exemple, planifiez vos repas pour la semaine, choisissez vos vêtements la veille, ou organisez votre emploi du temps selon des blocs fixes. Cela libère une énergie mentale précieuse pour les décisions plus importantes.

Étape 4 : Apprenez à déléguer

Souvent, nous portons le poids de toutes les décisions, même celles qui pourraient être prises par d'autres. Demandez-vous : "Ai-je vraiment besoin de décider cela moi-même ?" À la maison, au travail, ou dans votre cercle social, identifiez les décisions que vous pouvez déléguer. Par exemple, laissez un collègue choisir l'heure d'une réunion ou laissez votre partenaire décider du film à regarder. C'est une façon simple de réduire la charge tout en impliquant les autres.

Étape 5 : Prenez des décisions rapides pour les petites choses

Pour les petites décisions, fixez-vous une limite de temps. Par exemple, donnez-vous 30 secondes pour choisir ce que vous allez porter ou 2 minutes pour répondre à un email. La règle est simple : mieux vaut prendre une décision imparfaite que de rester coincé dans l'indécision. L'objectif est de réduire la fatigue décisionnelle en agissant rapidement sur les sujets peu critiques.

Étape 6 : Gérez les grandes décisions par étapes

Pour les choix complexes ou intimidants, divisez-les en petites étapes. Si vous devez prendre une grande décision, comme changer de carrière ou planifier un projet important, commencez par poser les bases : "Quelle est la première question à résoudre ? De quelles informations ai-je besoin ?" Chaque petite décision vous rapprochera du choix final sans vous submerger.

Étape 7 : Apprenez à accepter l'incertitude

Aucune décision n'est parfaite, et il est impossible de prévoir toutes les conséquences. Lorsque vous prenez une décision, rappelez-vous que faire un choix, même imparfait, est mieux que de rester bloqué. Donnez-vous la permission d'apprendre de vos erreurs et de les ajuster plus tard. Accepter cette incertitude réduit l'angoisse liée à la perfection.

Étape 8 : Prenez des pauses mentales

La surcharge décisionnelle survient souvent lorsque l'esprit est épuisé. Si vous vous sentez submergé, offrez-vous une pause. Une promenade, une courte méditation, ou même cinq minutes loin de votre écran peuvent réinitialiser votre clarté mentale. Une fois reposé, vous serez mieux préparé à prendre une décision sans vous sentir accablé.

Étape 9 : Pratiquez la gratitude envers vos choix passés

Prenez un moment pour penser à une décision que vous avez prise récemment et qui a bien fonctionné. Félicitez-vous pour cela. Cela peut être aussi simple que d'avoir choisi un bon repas ou d'avoir dit non à une invitation inutile. Reconnaître vos réussites vous renforce et vous donne confiance pour aborder vos prochains choix.

Vous n'avez pas besoin d'éliminer toutes les décisions, mais en appliquant ces étapes, vous allégez progressivement le poids qu'elles exercent sur votre esprit. Essayez-en une dès aujourd'hui. Peut-être réduisez-vous le nombre de choix au dîner, ou peut-être planifiez-vous une routine pour demain matin.

4. La surcharge organisationnelle

Cette catégorie concerne la gestion des responsabilités quotidiennes et professionnelles. Les listes interminables de tâches, les délais serrés, et la nécessité de jongler entre plusieurs rôles (travail, famille, engagements personnels) créent une charge mentale importante. Le sentiment de ne jamais pouvoir "terminer" ce qu'il y a à faire alimente une spirale de stress et d'insatisfaction.

Vous avez peut-être l'impression qu'il n'y a jamais assez de temps pour tout faire, que votre to-do list est un puits sans fond.

Étape 1 : Faites une pause et évaluez vos priorités

Avant de plonger dans une montagne de tâches, arrêtez-vous un instant. Prenez une feuille ou ouvrez une application de notes et listez tout ce qui vous préoccupe en ce moment : les tâches à faire, les responsabilités, les projets en cours. Une fois que vous avez cette liste, demandez-vous : "Qu'est-ce qui est réellement important ? Quelles tâches ont un impact significatif sur mes objectifs ou mon bien-être ?" Souvent, nous nous chargeons de choses qui ne sont ni urgentes ni essentielles. En identifiant vos priorités, vous pouvez commencer à alléger votre charge.

Étape 2 : Apprenez à dire non

Être organisé ne signifie pas tout accepter ou tout faire. Posez-vous cette question : "Quelles tâches ou engagements puis-je refuser, reporter, ou déléguer ?" Dire non, que ce soit à une réunion inutile, à une demande non prioritaire ou à un engagement social superflu, est un acte de préservation de votre énergie. Si dire non est difficile pour vous, essayez des phrases simples comme : "Je ne peux pas m'engager à 100% sur ce projet en ce moment," ou "J'apprécie votre proposition, mais je dois me concentrer sur mes priorités."

Étape 3 : Adoptez la règle des 3 tâches principales

Chaque jour, choisissez trois tâches prioritaires à accomplir, pas plus. Ce sont les choses les plus importantes qui auront le plus d'impact. Une fois ces trois tâches identifiées, engagez-vous à les terminer avant de vous attaquer aux autres petites choses. Cela vous aide à rester concentré et à éviter de vous disperser sur des activités moins importantes.

Étape 4 : Mettez en place des systèmes

Les routines et les systèmes organisationnels simplifient la gestion des responsabilités récurrentes. Par exemple, créez des blocs de temps dédiés à certaines catégories de tâches : le matin pour les emails, l'après-midi pour les projets, et le soir pour la planification du lendemain. Utilisez des outils comme des agendas, des applications de gestion de tâches (Trello, Todoist, etc.), ou même un simple carnet pour garder une trace claire de vos engagements. Plus vos routines sont claires, moins vous avez à réfléchir à chaque instant.

Étape 5 : Fractionnez les grandes tâches

Lorsque vous êtes face à un projet ou une responsabilité qui semble énorme, divisez-le en petites étapes. Par exemple, si vous devez organiser un événement, commencez par lister les sous-tâches : trouver un lieu, établir un budget, envoyer les invitations, etc. En abordant chaque étape individuellement, vous réduisez l'angoisse liée à la grandeur de la tâche et vous avancez de manière progressive.

Étape 6 : Pratiquez la règle des deux minutes

Si une tâche peut être réalisée en moins de deux minutes, faites-la immédiatement. Cela permet d'éliminer rapidement les petites choses qui s'accumulent inutilement, comme répondre à un email simple ou ranger un document. Cette approche réduit votre charge mentale et libère de l'espace pour les priorités.

Étape 7 : Prévoyez des pauses stratégiques

L'organisation ne signifie pas être productif en continu. Intégrez des pauses régulières dans votre emploi du temps pour permettre à votre esprit de se reposer et d'éviter l'épuisement. Même 5 minutes loin de votre écran ou une courte promenade peuvent faire une grande différence dans votre capacité à gérer vos responsabilités.

Étape 8 : Externalisez ou déléguez

Vous n'êtes pas obligé de tout faire vous-même. Identifiez les tâches que quelqu'un d'autre pourrait faire aussi bien (ou mieux) que vous. Par exemple, déléguez une partie de vos tâches professionnelles à un collègue ou engagez quelqu'un pour vous aider à domicile si possible. L'important est de reconnaître que votre temps et votre énergie ne sont pas illimités, et que déléguer est une façon intelligente de maximiser votre efficacité.

Étape 9 : Terminez chaque journée avec un plan simple

Avant de terminer votre journée, prenez 5 minutes pour planifier le lendemain. Notez vos trois tâches prioritaires et relisez votre emploi du temps. Cela vous aide à démarrer votre journée avec une vision claire et réduit le stress matinal lié à l'incertitude.

En appliquant ces étapes, vous pouvez transformer la surcharge organisationnelle en un système gérable et même satisfaisant. Commencez par une ou deux actions aujourd'hui, comme classer vos tâches ou dire non à un engagement superflu. Vous constaterez rapidement qu'un esprit organisé est un esprit plus apaisé.

5. La surcharge relationnelle

Les relations sociales, bien qu'essentielles, peuvent parfois être une source de surcharge mentale. Les conflits interpersonnels, les attentes non communiquées, et les relations toxiques ou déséquilibrées demandent une énergie émotionnelle importante. De plus, les obligations sociales non désirées ou excessives peuvent renforcer cette catégorie de surcharge.

Peut-être avez-vous le sentiment d'être constamment sollicité ou émotionnellement drainé par les interactions avec les autres, qu'il s'agisse de responsabilités familiales, d'amis, ou de collègues. Vous pouvez ressentir de la pression à répondre à des attentes, à gérer des conflits, ou simplement à "être là" pour tout le monde.

Étape 1 : Prenez un moment pour identifier les relations qui pèsent sur vous

Asseyez-vous avec une feuille ou un carnet et faites une liste des relations qui occupent le plus votre esprit en ce moment. Notez les noms de ces personnes et posez-vous quelques questions : "Pourquoi cette relation me stresse-t-elle ? Est-ce parce que je ressens une obligation ? Parce qu'elle est source de conflit ? Parce que je ne peux pas poser de limites ?" Ce simple exercice vous permet de clarifier d'où vient la surcharge.

Étape 2 : Posez des limites claires et bienveillantes

Les relations deviennent souvent pesantes lorsque vous n'avez pas de limites bien définies. Si quelqu'un demande constamment votre aide ou monopolise votre énergie, apprenez à dire non avec bienveillance. Par exemple, vous pourriez dire : "Je t'écoute et je tiens à toi, mais je ne peux pas être disponible en ce moment," ou encore : "Je comprends que c'est important pour toi, mais je dois me concentrer sur mes priorités aujourd'hui." Poser des limites n'est pas un rejet, c'est un acte de préservation pour mieux gérer votre énergie.

Étape 3 : Évaluez vos obligations relationnelles

Demandez-vous si certaines interactions ou engagements sont nécessaires ou si vous les maintenez par habitude ou culpabilité. Par exemple, êtes-vous toujours celui ou celle qui organise les rencontres de groupe ? Prenez-vous en charge des responsabilités familiales que d'autres pourraient partager ? Si la réponse est oui, il est temps de redistribuer ces rôles. Parlez-en calmement et expliquez votre besoin de déléguer ou de réduire votre implication.

Étape 4 : Réservez du temps pour vous-même

Pour alléger la surcharge relationnelle, il est important de préserver des moments rien qu'à vous. Bloquez des plages horaires dans votre emploi du temps où vous n'êtes pas disponible pour répondre à des appels, des messages ou des demandes. Utilisez ce temps pour des activités qui vous ressourcent : lire, marcher, écouter de la musique, ou simplement ne rien faire. Vous n'avez pas à vous justifier pour ces moments de recharge.

Étape 5 : Privilégiez les relations nourrissantes

Certaines relations vous remplissent d'énergie et de joie, tandis que d'autres vous drainent. Concentrez-vous sur les personnes qui vous soutiennent, qui vous écoutent et qui respectent vos besoins. Cela ne signifie pas abandonner les relations difficiles, mais plutôt rééquilibrer la balance pour passer plus de temps avec des personnes positives et bienveillantes.

Étape 6 : Prenez du recul dans les situations de conflit

Les conflits non résolus sont une grande source de surcharge relationnelle. Si vous êtes en désaccord avec quelqu'un, prenez un moment pour respirer avant de répondre. Demandez-vous : "Quelle est la meilleure manière d'aborder ce problème sans escalader le conflit ?" Vous pouvez essayer des phrases comme : "Je ressens cela dans cette situation, et j'aimerais qu'on en parle calmement," au lieu de réagir sur le coup de l'émotion.

Étape 7 : Apprenez à accepter vos limites

Vous n'êtes pas responsable de résoudre les problèmes de tout le monde. Si un ami ou un proche traverse une période difficile, vous pouvez offrir votre soutien sans porter tout le poids émotionnel. Dites-vous : "Je peux être là pour cette personne sans m'oublier moi-même." Cela signifie parfois écouter sans chercher à résoudre ou simplement exprimer votre empathie sans vous investir excessivement.

Étape 8 : Désencombrez vos interactions numériques

Les relations en ligne peuvent être tout aussi épuisantes que les interactions en face à face. Si vous êtes dans des groupes WhatsApp ou sur des réseaux sociaux où les messages affluent sans cesse, prenez un moment pour vous demander : "Est-ce que cela m'apporte quelque chose de positif ?" Si ce n'est pas le cas, désactivez les notifications, quittez les groupes qui ne vous enrichissent pas, ou réduisez votre temps passé en ligne. Vous n'êtes pas obligé de répondre à tout, tout le temps.

Étape 9 : Parlez ouvertement de vos besoins

Parfois, la surcharge relationnelle vient du fait que les autres ne connaissent pas vos limites ou vos besoins. Osez exprimer ce que vous ressentez. Par exemple, dites à un proche : "J'ai besoin de plus de temps pour moi en ce moment, mais cela ne veut pas dire que je tiens moins à toi." La communication honnête renforce souvent les relations au lieu de les fragiliser.

Commencez petit : choisissez une relation ou une situation qui vous pèse et appliquez une limite ou exprimez un besoin. Vous verrez rapidement que ces ajustements apportent un immense soulagement et vous permettent de mieux apprécier les moments que vous partagez avec les autres.

6. La surcharge anticipative

C'est la tendance à s'inquiéter pour des événements futurs ou à imaginer des scénarios hypothétiques. Cette charge mentale est souvent alimentée par l'incertitude ou la peur de l'échec. Elle peut entraîner un stress prolongé et une incapacité à se concentrer sur l'instant présent. Les pensées comme "Et si ça se passe mal ?" ou "Comment vais-je gérer cela ?" sont typiques de cette surcharge.

Peut-être avez-vous ce tourbillon de pensées et d'inquiétudes sur des événements futurs qui n'ont souvent pas encore eu lieu. C'est ce scénario qui tourne en boucle dans votre tête : "Et si ça se passe mal ? Et si je ne suis pas à la hauteur ? Et si quelque chose d'imprévu arrive ?" Ces anticipations constantes peuvent devenir écrasantes, voici les étapes qui vous aideront à reprendre le contrôle de vos pensées et à apaiser votre esprit.

Lorsque nous laissons une boucle ouverte, cela signifie que nous continuons à ruminer, à hésiter, ou à accumuler des pensées autour d'une tâche ou d'un sujet, même une fois qu'il n'est plus pertinent. Par exemple, vous pourriez avoir terminé un projet professionnel, mais continuer à penser à ce que vous auriez pu faire différemment, ou avoir répondu à un email mais vous inquiéter encore de la façon dont votre message sera reçu. Ces boucles ouvertes ne cessent de consommer votre énergie mentale, parfois de manière inconsciente, et contribuent à la sensation de surcharge.

Fermer la boucle commence par une prise de décision consciente. Posez-vous la question : "Ai-je fait tout ce que je pouvais à ce stade ?" Si la réponse est oui, acceptez que vous avez fait de votre mieux et passez à autre chose. Cela implique d'abandonner le besoin de perfection ou de contrôle total sur les résultats. Par exemple, si vous avez pris une décision après avoir analysé toutes les informations disponibles, il est inutile de revenir en arrière pour reconsidérer sans cesse vos options. Vous pouvez noter dans un carnet ou simplement vous dire : "Cette tâche est terminée, je passe à autre chose."

Dans le contexte d'un projet ou d'une tâche pratique, fermer la boucle peut également signifier finaliser des actions concrètes. Par exemple, après avoir participé à une réunion, prenez quelques minutes pour résumer les décisions prises et les prochaines étapes à suivre, puis archivez les documents liés pour ne plus avoir à y penser constamment. En accomplissant ces petites actions, vous libérez votre esprit des "et si" ou des "je devrais encore penser à ça" qui peuvent persister.

Un aspect clé pour fermer la boucle est de distinguer ce qui est sous votre contrôle de ce qui ne l'est pas. Si un problème ou une situation ne peut pas être résolu immédiatement, décidez de le mettre de côté pour l'instant. Vous pouvez par exemple noter une tâche à faire plus tard ou fixer une échéance précise pour y revenir. Cela permet de libérer votre esprit tout en ayant la certitude que le sujet sera traité en temps voulu. Le fait de consigner ces éléments dans un carnet ou une application de gestion des tâches renforce ce sentiment de maîtrise.

Fermer la boucle ne signifie pas éviter les responsabilités ou fuir les pensées difficiles, mais au contraire, leur accorder l'attention nécessaire, puis décider activement de les laisser partir. Par exemple, si vous avez eu une conversation importante avec un proche ou un collègue, et que vous avez fait de votre mieux pour clarifier vos positions, acceptez que tout ne peut pas être résolu immédiatement. Lâcher prise sur le besoin d'un résultat parfait est une partie essentielle de ce processus.

Les bénéfices de fermer la boucle sont multiples. Vous réduisez la rumination et la sensation d'être mentalement encombré. Votre esprit devient plus disponible pour des activités significatives, créatives ou simplement apaisantes. Vous vous donnez également la permission de vivre dans l'instant présent, sans être constamment tiré vers des pensées ou des préoccupations incomplètes. Avec la pratique, fermer la boucle devient un réflexe naturel qui transforme la façon dont vous gérez vos responsabilités et vos émotions.

Étape 1 : Identifiez vos inquiétudes principales

Prenez un moment pour écouter votre esprit. Quelles sont les pensées qui reviennent le plus souvent ? Est-ce une réunion importante ? Une conversation difficile à venir ? Un projet à terminer ? Notez-les sur papier ou dans une application de notes. Une fois ces pensées listées, posez-vous une question simple : "Est-ce que cette situation est dans mon contrôle ?" Si la réponse est non, c'est une première étape pour lâcher prise. Si la réponse est oui, on va trouver ensemble comment la gérer.

Étape 2: Différenciez le possible du probable

Une grande partie de la surcharge anticipative vient de notre tendance à imaginer le pire. Lorsque vous êtes face à une situation stressante, demandez-vous : "Ce que je redoute est-il probable, ou est-ce juste possible ?" Par exemple, il est possible que tout se passe mal dans cette présentation, mais est-ce vraiment probable ? En ramenant vos pensées vers ce qui est réaliste, vous désamorcez une grande partie de l'anxiété.

Étape 3 : Décomposez vos pensées en petites actions

Parfois, ce qui nous angoisse, c'est l'ampleur d'un événement futur. Prenez un problème qui vous inquiète et divisez-le en petites étapes pratiques. Par exemple, si vous avez une présentation à faire, concentrez-vous d'abord sur les premières actions : rassembler vos idées, créer un plan, puis travailler les détails. Chaque petite action accomplie réduit la peur liée à l'inconnu.

Étape 4 : Fixez des limites de temps pour anticiper

Anticiper n'est pas mauvais en soi, mais cela devient problématique quand cela envahit tout votre temps. Fixez-vous une limite. Par exemple, "Je vais passer 10 minutes à réfléchir à cette situation, puis je m'arrête." Après cette limite, engagez-vous dans une activité qui vous distrait ou vous apaise, comme une promenade, une lecture ou une séance de respiration.

Étape 5 : Apprenez à revenir au moment présent

La surcharge anticipative nous tire constamment vers un futur hypothétique. Pour revenir au présent, essayez un exercice simple : concentrez-vous sur votre respiration. Inspirez lentement en comptant jusqu'à 4, retenez votre souffle 4 secondes, puis expirez en comptant jusqu'à 6. Répétez cela plusieurs fois. En vous connectant à votre corps ici et maintenant, vous détournez votre esprit des scénarios futurs.

Étape 6 : Préparez, mais sans exagérer

Si quelque chose d'important vous inquiète, la meilleure façon de calmer votre esprit est de vous préparer de manière réaliste. Posez-vous ces questions : "Qu'est-ce que je peux faire maintenant pour être mieux préparé ? Quels outils, informations ou soutiens puis-je utiliser ?" Préparez ce qui est nécessaire, puis acceptez que tout ne peut pas être parfaitement sous contrôle.

Étape 7 : Remplacez les "Et si ?" par des affirmations

Chaque fois que votre esprit commence à dire "Et si...", essayez de reformuler cela en une affirmation plus positive ou réaliste. Par exemple :

"Et si je fais une erreur ?" devient "Je ferai de mon mieux, et je saurai m'adapter."

"Et si je n'y arrive pas ?" devient "Je vais me concentrer sur ce que je peux contrôler pour réussir." Ces affirmations aident à calmer les pensées anticipatives et à les transformer en un dialogue intérieur plus constructif.

Étape 8 : Apprenez à accepter l'incertitude

La vie est pleine d'incertitudes, et essayer de tout contrôler est une bataille perdue d'avance. Prenez un moment pour réfléchir à des situations passées où vous avez réussi à gérer l'inattendu. Cela prouve que vous êtes plus résilient que vous ne le pensez. Rappelez-vous que même si des imprévus se produisent, vous avez les ressources nécessaires pour les affronter.

Étape 9 : Libérez vos pensées par l'écriture

Lorsque les scénarios futurs envahissent votre esprit, prenez un carnet et écrivez tout ce qui vous passe par la tête. Pas besoin de structure ou de perfection. L'objectif est de "vider" votre esprit sur le papier. Une fois que tout est écrit, relisez vos pensées et demandez-vous : "Est-ce que cela mérite autant de mon énergie ?"

Étape 10 : Prenez soin de votre corps

La surcharge anticipative se manifeste souvent par des symptômes physiques : tension musculaire, souffle court, fatigue. Apprenez à relâcher votre corps pour soulager votre esprit. Essayez des étirements simples, une méditation guidée, ou une activité physique légère comme la marche. Un corps détendu aide un esprit agité à se calmer.

7. La surcharge liée aux attentes personnelles

Cette catégorie provient des standards élevés ou des exigences que l'on s'impose à soi-même. Que ce soit le perfectionnisme, la peur de décevoir, ou le besoin de prouver sa valeur, ces attentes auto-imposées augmentent la pression mentale. Cela inclut aussi la culpabilité de ne pas en faire "assez" ou de ne pas atteindre ses propres idéaux.

Vous imposez-vous ce en voulant toujours en faire plus, être parfaits, ou répondre à des standards irréalistes que nous nous fixons ?

Ces attentes viennent souvent d'un désir de bien faire, mais elles finissent par nous épuiser mentalement et émotionnellement.

Étape 1 : Identifiez vos attentes personnelles

Prenez quelques minutes pour réfléchir à ce que vous attendez de vous-même. Vous pouvez écrire des phrases comme : "Je dois être parfait(e) dans mon travail," "Je dois être disponible pour tout le monde," ou "Je ne dois jamais échouer." Une fois cette liste établie, demandez-vous : "D'où viennent ces attentes ? Est-ce moi qui les ai définies ou sont-elles influencées par ce que je pense que les autres attendent de moi ?" Ce premier pas vous permet de mieux comprendre pourquoi vous ressentez cette pression.

Étape 2 : Évaluez la pertinence de vos attentes

Toutes les attentes ne sont pas mauvaises, mais certaines sont irréalistes ou inutiles. Relisez votre liste et posez-vous la question : "Est-ce que cette attente est vraiment importante ? Est-ce qu'elle correspond à mes valeurs ?" Par exemple, si vous vous attendez à réussir parfaitement un projet du premier coup, rappelez-vous que l'apprentissage et l'amélioration font partie du processus. Cela peut vous aider à ajuster vos attentes pour qu'elles soient plus alignées avec la réalité.

Étape 3 : Pratiquez l'auto-compassion

Nous sommes souvent notre propre pire critique. Imaginez maintenant que vous parliez à un ami qui ressent la même pression. Que lui diriez-vous ? Vous lui offririez probablement du soutien et de la compréhension, pas des reproches. Alors, faites la même chose pour vous-même. Lorsque vous sentez la pression monter, dites-vous des phrases comme : "Je fais de mon mieux, et c'est suffisant," ou "C'est normal de ne pas tout réussir, je suis humain(e)."

Étape 4 : Apprenez à redéfinir le succès

Beaucoup d'attentes personnelles viennent d'une définition trop rigide du succès. Prenez un moment pour réfléchir : "Qu'est-ce que réussir signifie pour moi ?" Si votre réponse est "Tout doit être parfait," il est temps de réajuster cette vision. Le succès peut aussi être progressif : "J'ai appris quelque chose de nouveau," ou "J'ai avancé, même un petit peu." Célébrez ces petites victoires pour alléger la pression de devoir atteindre un idéal impossible.

Étape 5 : Fixez des objectifs réalistes et progressifs

Au lieu de vous fixer des attentes énormes et écrasantes, divisez-les en petites étapes concrètes. Par exemple, si vous voulez exceller dans un domaine, commencez par apprendre une nouvelle compétence ou travailler sur un aspect précis. Cela rend vos attentes plus gérables et vous donne un sentiment d'accomplissement à chaque étape franchie.

Étape 6 : Donnez-vous la permission d'échouer

L'échec fait partie de la vie, et c'est une source d'apprentissage précieuse. Mais lorsque vous êtes écrasé par vos attentes, l'échec peut sembler insupportable. Rappelez-vous que tomber n'est pas synonyme d'échec définitif, mais d'une opportunité d'apprendre et de grandir. Adoptez un état d'esprit curieux : "Qu'est-ce que cette situation peut m'apprendre ?"

Étape 7 : Libérez-vous des comparaisons

Souvent, nos attentes personnelles sont renforcées par des comparaisons avec les autres. Peut-être voyez-vous des collègues ou des amis qui semblent tout réussir. Rappelez-vous que vous voyez souvent leur façade, pas leurs luttes intérieures. Vous êtes sur votre propre chemin, et vos objectifs ne doivent pas être définis par ce que les autres accomplissent. Essayez de remplacer ces comparaisons par de la gratitude pour ce que vous avez et ce que vous êtes déjà.

Étape 8 : Apprenez à dire non, même à vous-même

Parfois, nous surchargeons notre emploi du temps ou nos responsabilités parce que nous voulons prouver que nous sommes capables de tout gérer. Prenez une pause et demandez-vous : "Est-ce que j'ai vraiment besoin de faire cela ?" Si la réponse est non, donnez-vous la permission de relâcher la pression. Dire non, même à vos propres attentes, est un acte de bienveillance envers vous-même.

Étape 9 : Créez un rituel de décompression

Pour alléger la pression, intégrez des moments de décompression dans votre journée. Cela peut être une courte promenade, une méditation, ou écrire dans un journal. Profitez de ce temps pour vous rappeler que vous n'avez pas à être parfait(e), que vous faites déjà beaucoup, et que vous méritez de prendre soin de vous.

Étape 10 : Révisez vos attentes régulièrement

Nos attentes évoluent avec le temps, et il est important de les réévaluer. Prenez l'habitude, chaque semaine ou chaque mois, de passer en revue vos objectifs et de demander : "Est-ce que cette attente est encore pertinente ? Est-ce qu'elle me sert ou est-ce qu'elle me pèse ?" Ajustez-les pour qu'elles reflètent où vous en êtes dans votre vie, pas où vous pensez "devoir" être.

———————

En comprenant ces différentes catégories, il devient possible de les reconnaître dans son propre quotidien et d'agir spécifiquement sur celles qui contribuent le plus à la surcharge mentale. En identifiant la source principale de pression, on peut mettre en place des stratégies adaptées pour alléger son esprit et retrouver un équilibre.

Reconnaître les "parasites mentaux"

Les "parasites mentaux" sont des pensées ou des comportements répétitifs qui occupent inutilement notre esprit, drainant notre énergie mentale sans apporter de bénéfices concrets. Ces parasites peuvent être difficiles à repérer, car ils s'inscrivent souvent dans nos habitudes ou nos schémas de pensée. Apprendre à les reconnaître est essentiel pour alléger notre charge mentale et retrouver de la clarté.

Un premier type de parasite mental est constitué par les pensées répétitives et inutiles. Ce sont ces idées qui tournent en boucle dans notre esprit, comme des ruminations sur un événement passé ou des inquiétudes constantes concernant des situations hypothétiques. Par exemple, repasser encore et encore une conversation conflictuelle dans votre tête ou imaginer tous les scénarios catastrophes possibles pour une tâche future sont des signes typiques de ces pensées parasites.

Lorsque nous laissons une boucle ouverte, cela signifie que nous continuons à ruminer, à hésiter, ou à accumuler des pensées autour d'une tâche ou d'un sujet, même une fois qu'il n'est plus pertinent. Par exemple, vous pourriez avoir terminé un projet professionnel, mais continuer à penser à ce que vous auriez pu faire différemment, ou avoir répondu à un email mais vous inquiéter encore de la façon dont votre message sera reçu. Ces boucles ouvertes ne cessent de consommer votre énergie mentale, parfois de manière inconsciente, et contribuent à la sensation de surcharge.

Fermer la boucle commence par une prise de décision consciente. Posez-vous la question : "Ai-je fait tout ce que je pouvais à ce stade ?" Si la réponse est oui, acceptez que vous avez fait de votre mieux et passez à autre chose. Cela implique d'abandonner le besoin de perfection ou de contrôle total sur les résultats. Par exemple, si vous avez pris une décision après avoir analysé toutes les informations disponibles, il est inutile de revenir en arrière pour reconsidérer sans cesse vos options. Vous pouvez noter dans un carnet ou simplement vous dire : "Cette tâche est terminée, je passe à autre chose."

Dans le contexte d'un projet ou d'une tâche pratique, fermer la boucle peut également signifier finaliser des actions concrètes. Par exemple, après avoir participé à une réunion, prenez quelques minutes pour résumer les décisions prises et les prochaines étapes à suivre, puis archivez les documents liés pour ne plus avoir à y penser constamment. En accomplissant ces petites actions, vous libérez votre esprit des "et si" ou des "je devrais encore penser à ça" qui peuvent persister.

Un aspect clé pour fermer la boucle est de distinguer ce qui est sous votre contrôle de ce qui ne l'est pas. Si un problème ou une situation ne peut pas être résolu immédiatement, décidez de le mettre de côté pour l'instant. Vous pouvez par exemple noter une tâche à faire plus tard ou fixer une échéance précise pour y revenir. Cela permet de libérer votre esprit tout en ayant la certitude que le sujet sera traité en temps voulu. Le fait de consigner ces éléments dans un carnet ou une application de gestion des tâches renforce ce sentiment de maîtrise.

Fermer la boucle ne signifie pas éviter les responsabilités ou fuir les pensées difficiles, mais au contraire, leur accorder l'attention nécessaire, puis décider activement de les laisser partir. Par exemple, si vous avez eu une conversation importante avec un proche ou un collègue, et que vous avez fait de votre mieux pour clarifier vos positions, acceptez que tout ne peut pas être résolu immédiatement. Lâcher prise sur le besoin d'un résultat parfait est une partie essentielle de ce processus.

Les bénéfices de fermer la boucle sont multiples. Vous réduisez la rumination et la sensation d'être mentalement encombré. Votre esprit devient plus disponible pour des activités significatives, créatives ou simplement apaisantes. Vous vous donnez également la permission de vivre dans l'instant présent, sans être constamment tiré vers des pensées ou des préoccupations incomplètes. Avec la pratique, fermer la boucle devient un réflexe naturel qui transforme la façon dont vous gérez vos responsabilités et vos émotions.

Les comparaisons excessives sont un autre exemple de parasite mental. Avec l'omniprésence des réseaux sociaux et des médias, nous avons tendance à comparer nos vies, nos réalisations ou notre apparence à celles des autres. Ces comparaisons, souvent irréalistes ou biaisées, génèrent un sentiment d'infériorité ou d'insatisfaction qui envahit notre esprit sans aucune utilité réelle.

Les attentes irréalistes que l'on s'impose à soi-même peuvent également être considérées comme des parasites mentaux. Se répéter qu'on devrait être "plus productif", "plus parfait" ou "plus performant" alimente un dialogue intérieur critique et oppressant. Ce type de pensée ne fait qu'alourdir la pression mentale, nous détournant de nos véritables capacités et aspirations.

Les distractions numériques, bien qu'elles semblent anodines, agissent également comme des parasites mentaux. Être constamment interrompu par des notifications, des publicités, ou des flux d'informations déconnectés de nos priorités crée un environnement mental chaotique. Même si ces distractions ne demandent que quelques secondes d'attention, leur cumul finit par occuper une place disproportionnée dans notre esprit.

Les obligations ou engagements non alignés sur nos valeurs constituent un autre parasite mental. Accepter des responsabilités par peur de décevoir ou pour respecter des normes sociales peut engendrer un poids psychologique important. Ces obligations créent une tension constante, car elles ne reflètent pas ce que nous souhaitons réellement, mais ce que nous croyons être attendu de nous.

Reconnaître ces parasites mentaux demande de prendre du recul et de devenir conscient de nos schémas de pensée. Un exercice simple consiste à observer vos pensées pendant quelques minutes et à noter celles qui reviennent sans apporter de solution ou de bien-être. Une fois identifiés, ces parasites peuvent être éliminés ou remplacés par des habitudes plus constructives, comme des affirmations positives, des pauses intentionnelles ou des pratiques de pleine conscience. Apprendre à détecter et gérer ces envahisseurs est une première des étape étape qui vous permettra d'alléger la charge mentale et de retrouver une vie plus sereine.

Chapitre 4 : Éliminer l'inutile

La méthode "Stop – Réduire – Déléguer"

STOP – Arrêter ce qui n'a plus de sens

La première étape de la méthode "Stop – Réduire – Déléguer" est de prendre un moment pour examiner ce que vous faites au quotidien par automatisme, habitude ou par sentiment d'obligation, mais qui n'ajoute aucune véritable valeur à votre vie. Souvent, nous nous engageons dans des tâches ou des activités simplement parce que nous les avons toujours faites, sans nous demander si elles servent encore un but. Ce peut être un ancien engagement qui n'est plus pertinent, une routine qui ne vous satisfait plus, ou même des attentes que vous avez intériorisées, mais qui ne correspondent plus à vos aspirations ou vos besoins.

Pour identifier ces éléments, commencez par faire une liste de toutes les choses qui occupent votre temps et votre énergie dans une journée ou une semaine. Cela inclut les tâches ménagères, les responsabilités professionnelles, les engagements sociaux, ou même les habitudes comme vérifier vos emails en permanence ou scroller sur les réseaux sociaux. Une fois la liste dressée, posez-vous une question simple mais puissante : "Est-ce que cela m'apporte vraiment quelque chose ?" Si la réponse est non, c'est un signe clair qu'il est temps de reconsidérer cette activité.

Cela peut également concerner des relations. Certaines interactions ou engagements sociaux, bien que bien intentionnés, peuvent devenir une source de fatigue ou de stress s'ils ne sont pas nourrissants. Par exemple, maintenir une relation par culpabilité ou continuer à participer à des réunions inutiles au travail uniquement par habitude peut contribuer à une surcharge inutile.

En vous arrêtant pour identifier ces éléments, vous commencez à libérer de l'espace mental et émotionnel. Cette étape demande de l'honnêteté envers vous-même, mais elle est essentielle pour alléger votre vie et la recentrer sur ce qui compte vraiment. Se donner la permission d'arrêter ce qui n'a plus de sens est un acte d'autonomie et de respect de soi. Cela ne signifie pas que vous abandonnez vos responsabilités importantes, mais que vous choisissez consciemment de laisser de côté ce qui ne vous sert plus.

Posez-vous ces questions :

✓ "Est-ce que cette tâche ou cette activité a encore une réelle importance ?"

✓ "Si j'arrêtais de la faire, quelles seraient les conséquences ?"

Si la réponse est "aucune conséquence significative", il est peut-être temps de la laisser tomber. Par exemple :

✓ Arrêtez de dire "oui" à toutes les sollicitations si elles ne correspondent pas à vos priorités.

✓ Arrêtez de suivre des informations ou des réseaux sociaux qui ne vous enrichissent pas.

✓ Arrêtez de vous imposer des standards irréalistes ou des tâches superflues.

Exemple concret : Vous participez chaque semaine à une réunion qui n'apporte aucune valeur ajoutée à votre travail. Prenez la décision d'arrêter d'y assister ou proposez une alternative (comme recevoir un compte rendu par email).

RÉDUIRE – Simplifier et alléger

Certaines responsabilités ou tâches font partie intégrante de nos vies, que ce soit au travail, à la maison, ou dans nos engagements personnels. Elles ne peuvent pas être totalement supprimées, mais elles peuvent souvent être simplifiées pour réduire leur poids sur notre temps et notre énergie. Cette étape de la méthode consiste à examiner ces activités et à chercher des moyens de les accomplir de manière plus efficace, sans compromettre leur utilité ou leur importance.

Prenons un exemple courant : la gestion des emails. Au lieu de vérifier vos messages tout au long de la journée, vous pouvez établir des plages horaires spécifiques, comme 10 minutes le matin et 10 minutes en fin d'après-midi. Cela vous évite de perdre du temps en interruptions constantes tout en restant réactif. Vous pouvez également automatiser certaines réponses grâce à des modèles ou des outils de filtrage pour classer automatiquement les messages non prioritaires. En appliquant cette méthode, vous accomplissez la même tâche, mais en beaucoup moins de temps et avec moins de stress.

La simplification peut également s'appliquer aux tâches ménagères. Par exemple, plutôt que de nettoyer votre maison de fond en comble chaque jour, vous pourriez répartir les tâches sur la semaine : une pièce ou une catégorie de tâches à la fois. Vous pouvez aussi opter pour des solutions rapides, comme utiliser des outils modernes ou des produits qui accélèrent le processus.

Au travail, pensez aux réunions. Beaucoup d'entre elles peuvent être raccourcies ou même remplacées par un simple email ou un échange rapide. Si une réunion est incontournable, préparez un ordre du jour précis et limitez le temps de discussion sur chaque point. Cela maintient le focus et vous évite de perdre des heures dans des discussions inutiles.

L'idée centrale ici est de remettre en question vos méthodes actuelles et de vous demander : "Comment puis-je accomplir cette tâche de manière plus simple ou plus rapide tout en obtenant le même résultat ?" Cette réflexion peut transformer des activités chronophages en processus fluides, vous libérant ainsi du temps pour ce qui compte réellement. Plus important encore, en réduisant l'effort consacré aux tâches nécessaires, vous préservez votre énergie mentale et physique pour des activités plus enrichissantes ou stratégiques.

Posez-vous ces questions :

✓ "Comment puis-je accomplir cette tâche plus rapidement ou avec moins d'effort ?"

✓ "Est-ce que je mets trop d'énergie dans des détails qui ne comptent pas vraiment ?"

Voici 3 stratégies pour réduire :

Automatiser : Utilisez des outils numériques pour automatiser des tâches répétitives (comme programmer des paiements ou des rappels).

Batch working : Groupez des tâches similaires (exemple : répondre à tous vos emails en une seule fois chaque jour).

Limiter : Si vous êtes perfectionniste, fixez une limite de temps ou d'effort pour chaque tâche.

Exemple concret : Au lieu de préparer des repas complexes tous les soirs, réduisez votre charge en planifiant des repas simples et rapides, ou en préparant vos ingrédients à l'avance le week-end.

DÉLÉGUER – Confier à d'autres ce qui peut l'être

La délégation est un véritable levier de soulagement, mais elle est souvent freinée par des croyances limitantes. L'idée que "personne ne le fera aussi bien que moi" ou que "cela prendra trop de temps d'expliquer" est une barrière mentale que beaucoup rencontrent. Pourtant, apprendre à déléguer, c'est reconnaître que votre temps et votre énergie sont des ressources précieuses, et que tout ne nécessite pas votre implication directe. En réalité, déléguer efficacement peut non seulement alléger votre charge mentale, mais aussi permettre à d'autres de se développer et de contribuer de manière significative.

Pour commencer, identifiez les tâches qui pourraient être confiées à quelqu'un d'autre. Ce sont souvent des activités répétitives, des responsabilités qui ne demandent pas vos compétences spécifiques, ou des projets pour lesquels d'autres sont tout aussi qualifiés, voire plus. Une fois ces tâches repérées, réfléchissez à qui pourrait les prendre en charge. Il peut s'agir d'un collègue, d'un partenaire, d'un membre de votre famille, ou même d'un prestataire externe.

Ensuite, prenez le temps d'expliquer clairement la tâche à déléguer. C'est ici que beaucoup hésitent, pensant que cette étape est trop chronophage. Mais voyez cela comme un investissement : un effort initial pour expliquer les attentes, fournir des ressources, ou partager vos standards de qualité peut éviter bien des retours en arrière. Par exemple, rédigez une procédure simple ou fournissez des exemples concrets pour guider la personne. Cela peut prendre quelques minutes, mais le temps que vous économiserez ensuite en vaut largement la peine.

Apprendre à lâcher prise est également essentiel. La personne à qui vous déléguez peut ne pas faire les choses exactement comme vous, mais cela ne signifie pas que ce sera mal fait. Acceptez que des différences dans la méthode ne compromettent pas nécessairement le résultat final.

Faites confiance à leurs compétences et, au besoin, soyez disponible pour répondre à leurs questions sans intervenir de manière excessive.

Déléguer, c'est aussi une opportunité de construire une collaboration et de renforcer la confiance. Lorsqu'une personne se sent responsabilisée et valorisée dans une tâche, elle est souvent plus motivée à donner le meilleur d'elle-même. Et pour vous, cela signifie que vous pouvez consacrer votre temps et votre énergie aux tâches qui nécessitent réellement votre expertise ou qui ont un impact direct sur vos objectifs.

En fin de compte, déléguer, ce n'est pas simplement se débarrasser d'une tâche, mais optimiser votre temps et vos ressources tout en valorisant les compétences de ceux qui vous entourent. Avec un peu de pratique, vous verrez que déléguer peut transformer votre manière de gérer vos responsabilités et vous offrir une légèreté mentale bienvenue.

Posez-vous ces questions :

> ✓ "Suis-je vraiment la seule personne qui peut faire cette tâche ?"
>
> ✓ "Y a-t-il quelqu'un d'autre qui serait capable de la faire aussi bien, voire mieux ?"

Comment déléguer efficacement :

Identifiez les tâches répétitives ou chronophages qui peuvent être confiées à quelqu'un d'autre.

Expliquez clairement ce que vous attendez, sans surcharger les détails inutiles.

Faites confiance à la personne à qui vous déléguez. Lâchez prise sur l'idée de tout contrôler.

Exemple concret : Au travail, déléguez la création d'un rapport mensuel à un collègue ou à un membre de votre équipe. Dans la vie personnelle, déléguez certaines corvées domestiques à vos enfants ou à votre partenaire.

En appliquant "Stop – Réduire – Déléguer", vous gagnez du temps, de l'énergie, et de la clarté mentale. Vous cessez de vous disperser sur des choses qui n'ont pas d'importance et concentrez votre attention sur ce qui a un réel impact dans votre vie. Essayez avec une seule tâche aujourd'hui et voyez la différence que cela peut faire. Vous serez surpris(e) de constater à quel point il est libérateur de ne plus tout porter seul(e).

Comment gérer l'information excessive ?

Gérer l'information excessive demande de changer notre rapport à l'information en adoptant des stratégies intentionnelles et proactives pour en limiter la quantité et en maximiser la qualité. Voici des approches concrètes pour reprendre le contrôle sur le flux d'informations qui envahit souvent nos vies.

Il y a plusieurs années, j'ai pris la décision d'arrêter de regarder les informations, et ce choix a transformé ma vie de manière étonnamment positive. À l'époque, je me sentais constamment envahie par un flot d'actualités anxiogènes, souvent répétitives, qui me laissaient un sentiment de stress et d'impuissance. Le monde semblait être un tourbillon infini de catastrophes, et je m'imposais de tout savoir, comme si cela pouvait réellement changer quelque chose à ma vie quotidienne. Mais en réalité, cette habitude ne faisait que nourrir une charge mentale inutile. Depuis que j'ai arrêté de suivre les informations en continu, j'ai remarqué une sérénité nouvelle dans mon quotidien. Mon esprit n'est plus pollué par des nouvelles négatives ou des analyses superflues qui ne m'apportaient rien. J'ai retrouvé un espace mental pour me concentrer sur ce qui compte vraiment : ma famille, mes projets, et des sujets qui m'inspirent.

Paradoxalement, je ne me sens pas "ignorante" pour autant, car les nouvelles importantes me parviennent toujours par d'autres moyens, mais je suis désormais maîtresse de ce que je laisse entrer dans mon esprit. Cette décision m'a permis de vivre dans un état d'esprit plus calme et positif, et je ne regrette pas une seule seconde d'avoir fermé la porte à ce bruit constant.

1. La règle des 3 questions avant de consommer une information

Avant de lire, écouter, ou regarder une source d'information, posez-vous ces trois questions :

✓ ***Est-ce pertinent pour mes objectifs ou ma situation actuelle ?***

Cette première question vous invite à évaluer si l'information que vous êtes sur le point de consommer a un lien direct avec vos priorités du moment. Nos objectifs peuvent être variés : professionnels, personnels, ou simplement liés à notre bien-être. Par exemple, si vous travaillez sur un projet spécifique, lire des articles ou regarder des vidéos qui n'ont aucun rapport avec ce projet pourrait être une distraction inutile.

Prenons un cas concret : si votre objectif est d'améliorer votre alimentation, lire un article sur les meilleures pratiques nutritionnelles sera pertinent. En revanche, passer du temps sur des informations sur la météo mondiale pourrait ne rien vous apporter de significatif. Cette question vous aide à rester aligné sur ce qui compte pour vous et à éviter de gaspiller votre temps sur des sujets secondaires.

✓ ***Est-ce une source fiable et de qualité ?***

Cette question vous pousse à examiner si la source de l'information est crédible et si elle repose sur des faits vérifiables plutôt que sur des opinions non fondées ou des rumeurs. Demandez-vous :

- *Qui est l'auteur ou la source de cette information ?*

- *Y a-t-il des preuves ou des références solides pour appuyer ce qui est dit ?*

- *Cette information a-t-elle été vérifiée par des experts ou des professionnels ?*

Par exemple, si vous lisez des conseils de santé, il est préférable qu'ils proviennent d'un professionnel de santé ou d'une source reconnue plutôt que d'un blog non spécialisé ou d'un post anonyme sur les réseaux sociaux. En appliquant cette règle, vous réduisez les risques de tomber dans le piège des fake news ou des informations mal interprétées.

> ✓ ***Est-ce que cette information m'apporte de la valeur ou simplement du stress ?***

Cette dernière question est souvent la plus révélatrice. Elle vous demande de réfléchir à l'impact émotionnel et mental que cette information aura sur vous. Certaines informations, bien qu'intéressantes ou sensationnelles, peuvent vous causer du stress inutile ou vous laisser un sentiment de surcharge.

Par exemple, suivre en direct des actualités anxiogènes comme une crise économique ou un conflit peut être important à petite dose, mais s'y exposer en continu peut nuire à votre bien-être sans réellement améliorer votre compréhension de la situation. À l'inverse, des informations qui vous enseignent une compétence, vous inspirent, ou vous aident à avancer dans vos projets apportent une valeur réelle et justifient leur consommation.

Comment appliquer la règle au quotidien ?

Avant de cliquer sur un lien, d'ouvrir un email, ou de regarder une vidéo, prenez une courte pause et passez l'information au filtre des trois questions. Vous pouvez même écrire ces questions sur une note ou un post-it visible près de votre espace de travail pour les garder à l'esprit.

Si une information ne coche pas au moins deux de ces trois critères, considérez qu'elle n'est pas nécessaire. À l'inverse, si elle répond positivement aux trois questions, engagez-vous pleinement à la consommer en y consacrant votre attention complète, sans distractions.

En appliquant systématiquement cette règle, vous transformez votre rapport à l'information : au lieu de la subir, vous choisissez activement ce qui entre dans votre esprit. Cela vous libère de la surcharge informationnelle et vous permet de rester concentré sur ce qui compte vraiment dans votre vie. Essayez dès aujourd'hui : prenez une information que vous consommez régulièrement et passez-la à travers ces trois questions. Vous serez surpris de voir combien d'informations peuvent être filtrées ou simplement ignorées.

2. La "diète médiatique"

La "diète médiatique" est une démarche intentionnelle qui consiste à réduire la quantité d'informations que nous consommons au quotidien, tout en augmentant la qualité de ce que nous choisissons d'intégrer dans nos vies. Ce n'est pas un rejet total des médias ou des actualités, mais plutôt une approche consciente pour reprendre le contrôle sur notre rapport à l'information et nous protéger de la surcharge mentale et émotionnelle qu'elle peut engendrer.

Les médias sont omniprésents et bombardent nos écrans de notifications, d'alertes, et de contenus souvent anxiogènes ou superficiels et sans même nous en rendre compte, nous tombons dans un cycle où nous consommons passivement une quantité énorme de contenu, souvent sans en tirer de bénéfice réel. La diète médiatique propose de briser ce cercle en instaurant des limites claires et en adoptant une consommation intentionnelle. Il ne s'agit pas de tout ignorer, mais de choisir activement les informations qui méritent notre attention.

Cette démarche commence par une prise de conscience de nos habitudes. Par exemple, combien de fois par jour ouvrez-vous une application d'actualités ou scrollez-vous sur les réseaux sociaux ? Combien de temps passez-vous à regarder les chaînes d'information en continu ou à lire des articles qui, au final, ne vous apportent ni solutions ni réels apprentissages ? En observant ces comportements, on réalise souvent que la plupart de ces activités sont des réflexes plutôt que des choix, et qu'elles occupent une place disproportionnée dans nos journées.

Cette diète médiatique invite à réduire ce flux en établissant des plages horaires spécifiques pour consulter l'information. Par exemple, vous pourriez décider de ne regarder les actualités qu'une fois par jour, à une heure précise, et de limiter ce moment à 10 ou 15 minutes. Ce simple changement libère non seulement du temps, mais aussi de l'espace mental pour d'autres activités plus nourrissantes. De plus, en évitant de consulter les informations dès le matin ou juste avant de dormir, vous commencez et terminez vos journées avec une tranquillité d'esprit que les actualités auraient facilement pu perturber.

Un autre aspect fondamental de cette démarche est le tri des sources d'information. Au lieu de vous exposer à une multitude de chaînes, de sites, ou de flux, concentrez-vous sur quelques sources fiables et de qualité. Ces sources doivent correspondre à vos besoins réels : des actualités locales si vous cherchez à rester informé sur votre région, des analyses approfondies pour comprendre des sujets complexes, ou encore des contenus positifs qui enrichissent votre réflexion. En choisissant vos sources avec soin, vous réduisez le bruit inutile et augmentez la pertinence de ce que vous consommez.

Enfin, la diète médiatique ne concerne pas seulement les actualités, elle concerne aussi la manière dont nous interagissons avec les réseaux sociaux et les contenus numériques en général. En limitant votre temps sur ces plateformes ou en désactivant les notifications incessantes, vous reprenez la maîtrise de votre attention. Cela vous permet de consacrer davantage de temps à des activités qui vous nourrissent émotionnellement et intellectuellement, comme lire un livre, avoir une vraie conversation, ou simplement savourer un moment de calme.

En adoptant une diète médiatique, vous découvrez une vie plus légère, moins parasitée par des informations inutiles ou anxiogènes. Vous devenez acteur de ce que vous consommez, au lieu d'être un simple récepteur passif du flux médiatique. Et, paradoxalement, en réduisant la quantité d'information que vous absorbez, vous gagnez en clarté et en profondeur dans votre compréhension des sujets qui vous tiennent vraiment à cœur. Cette démarche, loin d'être un renoncement, est une invitation à vivre de manière plus consciente et apaisée.

3. Une approche "pull" plutôt que "push"

Adopter une approche "pull" plutôt que "push" dans la gestion de l'information, c'est reprendre le contrôle sur ce que l'on consomme en choisissant activement de chercher les informations nécessaires, au lieu de subir un flux constant d'informations imposées. Dans le modèle "push", qui domine notre quotidien, les informations viennent à nous sans que nous les ayons sollicitées. Notifications incessantes, newsletters, actualités envoyées directement sur nos écrans : ce mode de fonctionnement nous place dans une posture réactive, où nous subissons sans véritablement choisir.

L'approche "pull", en revanche, repose sur une idée simple : nous décidons quand, comment, et pourquoi nous accédons à l'information. Cela signifie éliminer les interruptions inutiles et consulter les contenus uniquement au moment où nous en avons besoin ou envie. Par exemple, au lieu de recevoir des alertes chaque fois qu'un article est publié ou qu'un événement survient, vous choisissez des moments spécifiques pour aller chercher activement l'information qui vous intéresse. Cela peut être une consultation quotidienne d'un site d'actualités fiable, une recherche ciblée sur un sujet précis, ou même un abonnement à des résumés hebdomadaires d'informations.

Cette approche a plusieurs avantages significatifs. D'abord, elle réduit la surcharge cognitive causée par les interruptions constantes. Lorsque votre téléphone vibre ou que vous recevez une alerte visuelle sur votre écran, votre attention est immédiatement détournée, même si vous n'agissez pas sur cette notification. Ces micro-interruptions, accumulées tout au long de la journée, fragmentent votre concentration et augmentent votre stress. En éliminant ces intrusions grâce à une approche "pull", vous récupérez un esprit plus calme et une capacité de concentration accrue.

Ensuite, l'approche "pull" vous aide à mieux prioriser l'information. En prenant le temps de décider ce que vous voulez chercher, vous devenez plus intentionnel dans votre consommation. Cela signifie que vous accordez votre attention à des sujets qui ont réellement de l'importance pour vous, plutôt qu'à des contenus imposés qui ne correspondent pas forcément à vos intérêts ou à vos objectifs. Vous évitez ainsi de perdre du temps sur des informations superficielles ou anxiogènes qui n'apportent aucune valeur ajoutée à votre vie.

Pour mettre en place cette approche, commencez par désactiver les notifications non essentielles sur vos appareils. Cela inclut les alertes des applications d'actualités, les rappels des réseaux sociaux, et même certaines notifications d'email. Ensuite, planifiez des moments dédiés à la consultation de l'information. Par exemple, vous pourriez décider de passer 15 minutes chaque matin à lire les actualités sur un site fiable ou à vérifier vos emails professionnels. Le reste du temps, laissez votre téléphone ou votre ordinateur en mode silencieux, pour ne pas être distrait.

Un autre aspect important de l'approche "pull" est d'utiliser des outils pour organiser et centraliser vos sources d'information. Par exemple, au lieu de consulter plusieurs sites d'actualités ou de suivre des dizaines de comptes sur les réseaux sociaux, utilisez un agrégateur comme Feedly pour regrouper vos flux RSS en un seul endroit. Cela vous permet d'accéder aux contenus qui vous intéressent en une seule fois, sans être noyé dans une multitude de plateformes. Vous pouvez également vous abonner à des résumés quotidiens ou hebdomadaires d'actualités, qui vous offrent une vue synthétique des sujets les plus pertinents.

Enfin, l'approche "pull" repose sur un état d'esprit : celui de privilégier la qualité à la quantité. Plutôt que de chercher à tout savoir ou à rester constamment connecté, vous acceptez l'idée que vous n'avez pas besoin d'être informé en temps réel de chaque développement. Les informations vraiment importantes finissent toujours par vous atteindre, même si vous ne les consultez pas immédiatement. Cette posture vous libère de la pression de tout suivre en permanence et vous permet de vivre de manière plus intentionnelle et apaisée.

En adoptant une approche "pull", vous transformez votre rapport à l'information. Vous passez d'un état de récepteur passif à celui d'un acteur conscient, capable de décider ce qui entre dans votre espace mental. Ce changement, bien qu'il demande une certaine discipline au début, vous offre une liberté immense : celle de vivre sans être constamment envahi par des contenus non sollicités, et de consacrer votre attention à ce qui compte vraiment.

4. Centralisez vos sources d'information

les informations proviennent de multiples plateformes – réseaux sociaux, sites web, newsletters, chaînes d'information – il est facile de se perdre dans un flux dispersé qui consomme un temps et une énergie précieux. En centralisant vos sources, vous simplifiez votre accès à l'information, tout en gagnant en clarté et en contrôle.

Centraliser signifie regrouper vos flux d'information en un seul endroit ou limiter le nombre de canaux que vous utilisez pour rester informé. Cela ne veut pas dire couper le contact avec l'information, mais plutôt organiser son accès de manière structurée et ciblée. Par exemple, au lieu de visiter quotidiennement plusieurs sites d'actualités ou de vérifier vos emails sur plusieurs plateformes, vous pouvez concentrer vos efforts sur une seule application ou un outil qui rassemble ces données. L'objectif est de réduire les "allers-retours" inutiles entre différentes sources et de transformer votre consommation d'information en une expérience plus efficace et sereine.

L'un des outils les plus utiles pour centraliser vos flux d'information est un agrégateur de contenu, comme Feedly ou Pocket. Ces applications vous permettent de regrouper les flux RSS des sites ou des blogs que vous suivez régulièrement. En les configurant selon vos besoins, vous pouvez consulter toutes vos sources dans une seule interface, à un moment choisi par vous, sans être interrompu par des notifications. Vous passez ainsi d'une multitude de recherches fragmentées à une consultation organisée et intentionnelle.

Centraliser vos sources d'information signifie aussi faire des choix. Prenez un moment pour analyser les plateformes que vous utilisez actuellement. Peut-être suivez-vous plusieurs chaînes d'actualités sur différents réseaux sociaux, recevez-vous des newsletters de multiples entreprises, ou écoutez-vous des podcasts sur plusieurs applications. Demandez-vous quelles sources apportent réellement de la valeur et lesquelles sont redondantes ou peu pertinentes. En conservant uniquement celles qui sont alignées avec vos besoins et vos centres d'intérêt, vous éliminez une grande partie du bruit informationnel.

Un autre aspect important de cette démarche est de regrouper vos communications professionnelles et personnelles. Par exemple, si vous utilisez plusieurs adresses email, configurez-les pour qu'elles se centralisent dans une seule boîte de réception via un client email comme Outlook ou Gmail. Cela vous permet de consulter vos messages de manière plus fluide et de réduire les interruptions liées au passage d'un compte à l'autre. De même, pour vos tâches et projets, envisagez d'utiliser un outil de gestion comme Notion ou Trello, qui peut intégrer plusieurs flux d'information et les organiser en un seul endroit.

Centraliser vos sources, c'est également fixer des limites pour ne pas vous disperser. Décidez que vos informations essentielles proviendront de deux ou trois sources principales. Par exemple, un site d'actualités de qualité pour les informations générales, une application spécialisée pour vos intérêts spécifiques (comme la finance ou la santé), et un podcast ou une newsletter hebdomadaire pour des analyses approfondies. Cela vous permet de consulter moins souvent et de manière plus concentrée, tout en restant bien informé.

L'impact de cette centralisation est considérable. Non seulement vous gagnez du temps, mais vous réduisez également la charge cognitive liée au passage constant d'une plateforme à une autre. Votre esprit devient moins dispersé et plus disponible pour d'autres tâches importantes ou même pour des moments de détente. Cette simplification permet également d'avoir une vision plus claire de ce qui est réellement important et d'éviter de vous laisser submerger par des contenus sans valeur.

Centraliser vos sources d'information, c'est finalement adopter une approche intentionnelle qui vous libère du chaos numérique et vous rapproche d'un rapport plus apaisé avec l'information. Ce processus demande un peu de préparation au début, mais les bénéfices en termes de sérénité et d'efficacité en valent largement la peine. Une fois cette habitude en place, vous constaterez que vous restez informé sans pour autant sacrifier votre tranquillité d'esprit ou votre temps précieux..

5. Du temps pour la réflexion, pas seulement la consommation

Nous vivons dans une ère où l'accès à l'information est illimité, et la tentation de consommer passivement des contenus en continu est omniprésente. Pourtant, l'accumulation de connaissances, de données, ou de faits, sans jamais prendre le temps de les intégrer ou d'y réfléchir, finit par saturer notre esprit sans réellement enrichir notre compréhension ou notre vie.

La réflexion donne un sens à l'information. Lorsqu'on prend un moment pour s'arrêter et penser, on passe d'un état de réception passive à un engagement actif. Ce processus permet de filtrer ce qui est pertinent pour nous, d'explorer comment cela peut être appliqué à notre vie, et de transformer de simples données en véritables connaissances. Par exemple, lire un article sur une nouvelle habitude de vie saine est utile, mais si vous ne prenez pas le temps de réfléchir à comment l'adopter dans votre quotidien, cette information reste théorique, sans impact concret.

Créer du temps pour la réflexion ne demande pas des heures, mais plutôt une approche intentionnelle. Après avoir consommé une information – que ce soit une actualité, un livre, ou une discussion enrichissante – prenez quelques minutes pour vous poser des questions simples : "Qu'est-ce que cela m'apprend ? En quoi cela peut-il m'être utile ? Est-ce que cela change ma manière de voir les choses ?" Ces moments de pause sont essentiels pour intégrer réellement ce que vous apprenez et éviter la surcharge cognitive causée par une consommation frénétique et non réfléchie.

La réflexion permet également de développer une pensée critique. Les informations circulent à une vitesse fulgurante et les opinions peuvent être confondues avec des faits, réfléchir à ce que l'on consomme aide à discerner le vrai du faux, le pertinent de l'accessoire. Cela encourage à ne pas accepter tout ce que l'on lit ou entend comme une vérité absolue, mais à analyser les différentes perspectives et à forger sa propre opinion.

Prendre du temps pour la réflexion, c'est aussi se reconnecter à soi-même. En dehors des informations extérieures, notre esprit a besoin d'espace pour traiter nos propres pensées, nos émotions, et nos aspirations. Réserver quelques instants dans la journée pour un journal intime, une promenade sans distractions, ou une méditation, permet de calmer le bruit mental et d'écouter ce que notre intuition ou notre créativité a à nous dire. C'est dans ces moments de calme que naissent souvent les idées les plus claires et les solutions aux problèmes qui semblaient insolubles.

En fin de compte, privilégier la réflexion à la consommation seule enrichit notre vie de manière durable. Cela transforme une simple lecture en apprentissage, un échange en inspiration, et une donnée en action concrète. Prendre ce temps n'est pas un luxe, mais une nécessité à une époque où l'on privilégie la quantité d'information au détriment de la profondeur. En adoptant cette habitude, vous découvrirez que réfléchir, même quelques minutes par jour, vous permet de mieux comprendre le monde, mais aussi de mieux vous comprendre vous-même.

6. Les formats synthétiques

Les formats synthétiques sont une solution idéale pour consommer de l'information de manière concise et ciblée, sans se laisser submerger par des contenus interminables ou des détails inutiles. Le flux d'information est continu et souvent excessif, ces formats offrent une alternative qui permet de rester informé tout en préservant du temps et de l'espace mental pour d'autres priorités.

L'intérêt des formats synthétiques réside dans leur capacité à aller à l'essentiel. Que ce soit des résumés quotidiens ou hebdomadaires d'actualités, des podcasts courts, des vidéos de quelques minutes, ou des infographies claires et structurées, ces formats présentent l'information de manière condensée et accessible. Vous n'avez pas besoin de passer des heures à parcourir des articles ou à écouter des débats pour comprendre les points clés d'un sujet. En quelques minutes, un bon format synthétique vous fournit une vue d'ensemble qui vous permet de rester à jour sur ce qui compte vraiment.

L'utilisation des formats synthétiques demande toutefois une certaine intentionnalité. Il s'agit de choisir avec soin les sources qui les produisent, en privilégiant celles qui sont fiables et alignées avec vos intérêts ou vos besoins. Par exemple, si vous souhaitez suivre l'actualité mondiale, vous pouvez vous abonner à une newsletter quotidienne qui résume les principaux événements en quelques paragraphes. Si vous vous intéressez à un domaine spécifique comme la science, l'économie ou la technologie, des podcasts ou des vidéos courtes produites par des experts reconnus peuvent être une excellente ressource. Cela vous permet de limiter le nombre de plateformes que vous consultez, tout en accédant à des contenus pertinents et de qualité.

Un autre avantage des formats synthétiques est leur flexibilité. Ils s'intègrent facilement dans votre emploi du temps, même chargé. Vous pouvez écouter un podcast de dix minutes pendant votre trajet, lire une newsletter en buvant votre café, ou parcourir une infographie entre deux rendez-vous. Ce format léger et efficace vous aide à rester informé sans avoir à réorganiser toute votre journée. Il est également parfait pour les moments où vous n'avez ni l'énergie ni la concentration nécessaires pour plonger dans des analyses longues ou des lectures complexes.

Enfin, les formats synthétiques vous permettent d'échapper à la surcharge cognitive. Au lieu de vous noyer dans un océan d'informations détaillées et parfois redondantes, vous obtenez un aperçu clair et précis qui vous aide à prendre des décisions ou à alimenter vos réflexions. Ils sont particulièrement utiles pour les personnes qui souhaitent suivre plusieurs sujets sans pour autant s'y plonger en profondeur. Une fois les points essentiels assimilés, vous pouvez décider si un sujet mérite d'être exploré davantage, ce qui vous évite de gaspiller du temps sur des informations inutiles.

Les formats synthétiques ne remplacent pas l'analyse approfondie lorsqu'elle est nécessaire, mais ils constituent une porte d'entrée pratique et efficace pour rester informé sans sacrifier votre temps ni votre tranquillité d'esprit. En les intégrant à votre routine, vous simplifiez votre rapport à l'information et vous adoptez une approche plus équilibrée et intentionnelle.

1. Les "zones sans informations"

Les "zones sans informations" sont des moments ou des espaces intentionnellement protégés de tout flux d'information, qu'il s'agisse d'actualités, de notifications numériques, ou de tout contenu extérieur qui sollicite votre attention. Ces zones agissent comme des sanctuaires pour votre esprit, offrant un répit nécessaire. En créant ces moments ou ces lieux, vous permettez à votre cerveau de se reposer, de traiter ce qu'il a déjà absorbé, et de retrouver une clarté mentale essentielle.

L'idée des zones sans informations n'est pas de fuir la réalité ou de s'isoler complètement du monde, mais plutôt de rétablir un équilibre entre la consommation et le calme. Nous avons tendance à sous-estimer l'impact des flux constants d'information sur notre bien-être. Même les petites interruptions, comme une notification d'email ou une alerte d'actualité, peuvent fragmenter votre attention et créer une surcharge mentale, parfois sans que vous en soyez pleinement conscient. Les zones sans informations permettent de réduire cette pression et de vous reconnecter à vous-même ou aux personnes qui vous entourent.

Ces zones peuvent être intégrées dans différents moments de votre journée. Par exemple, vous pourriez décider que vos repas sont des moments sans écrans ni distractions extérieures, afin de savourer pleinement votre nourriture et de profiter des conversations avec vos proches. De même, le temps passé avec votre famille ou vos amis pourrait être préservé de toute interruption numérique, ce qui renforce la qualité des interactions et favorise une véritable présence.

Un autre moment clé pour instaurer une zone sans informations est la période juste avant de dormir et le matin au réveil. Beaucoup de gens ont pris l'habitude de vérifier leurs emails, leurs réseaux sociaux ou les actualités dès qu'ils se réveillent ou juste avant de se coucher. Cela peut perturber votre sommeil ou commencer la journée sur une note stressante. En remplaçant ces habitudes par des activités apaisantes – comme la lecture d'un livre, la méditation, ou simplement quelques respirations profondes – vous créez un espace de calme qui améliore votre bien-être mental.

Les zones sans informations peuvent également s'appliquer à des lieux spécifiques. Par exemple, vous pourriez transformer votre chambre à coucher en un espace déconnecté, où aucun appareil numérique n'est autorisé. De même, votre promenade quotidienne ou votre séance de sport pourrait devenir un moment dédié à vous-même, loin de toute distraction extérieure. Ces lieux protégés deviennent alors des refuges pour votre esprit, vous permettant de vous ressourcer et de cultiver votre attention de manière intentionnelle.

La clé pour instaurer ces zones est la discipline et la planification. Il peut être tentant de céder à l'envie de consulter vos appareils ou de vous immerger à nouveau dans le flux d'information, surtout si cela est devenu un réflexe. Pour éviter cela, établissez des règles claires et communiquez-les si nécessaire à votre entourage. Par exemple, informez vos proches ou collègues que vous n'êtes pas disponible à certains moments, ou mettez en place des paramètres sur vos appareils pour limiter les interruptions, comme le mode "Ne pas déranger".

L'impact des zones sans informations est profond. En les adoptant, vous créez des moments de silence et de recul indispensables dans votre journée. Ces pauses permettent à votre cerveau de se reposer, d'assimiler les informations déjà reçues, et de retrouver une énergie mentale souvent dispersée par les distractions. Vous découvrez également une nouvelle qualité dans vos activités et vos relations, car vous êtes pleinement présent, sans être distrait par des flux extérieurs. Ces zones ne sont pas des moments de pause, mais des outils pour restaurer votre clarté, votre calme, et votre capacité à vivre intentionnellement.

8. Fermer la boucle

Fermer la boucle dans le contexte de l'information, c'est apprendre à mettre un point final à une recherche ou à une réflexion une fois que vous avez obtenu ce dont vous avez besoin. L'une des grandes causes de surcharge d'information est notre tendance à sauter d'un sujet à un autre, en accumulant toujours plus de données, sans jamais arriver à une conclusion claire ou utile. Cette habitude alimente une spirale d'insatisfaction où l'on ressent constamment le besoin de "tout savoir" sur un sujet, même lorsque cela n'est ni nécessaire ni pertinent.

Lorsque vous vous intéressez à un sujet ou à une question, engagez-vous à fixer des limites claires dès le départ. Déterminez exactement ce que vous cherchez à comprendre ou à résoudre. Par exemple, si vous cherchez une recette pour un repas de la semaine, il est inutile de passer des heures à explorer des dizaines de blogs culinaires ou de vidéos en ligne. Une fois que vous avez trouvé une option qui correspond à vos critères – qu'elle soit rapide, savoureuse et réalisable avec les ingrédients à votre disposition – arrêtez-vous là. Il en va de même pour des sujets plus complexes : si vous devez comprendre un concept professionnel, concentrez-vous sur une ou deux sources fiables qui couvrent les points essentiels, et ne perdez pas de temps à explorer des détails superflus ou des perspectives redondantes.

Ce processus exige de reconnaître que "assez" est suffisant. Nous vivons dans une culture où l'abondance d'information est souvent perçue comme une richesse, mais en réalité, elle peut devenir un fardeau. Si vous poursuivez une recherche sans fin, vous risquez de diluer votre compréhension au lieu de la renforcer. Fixez un objectif clair, atteignez-le, puis passez à autre chose. Cela ne signifie pas ignorer les détails importants, mais plutôt vous concentrer sur ce qui répond réellement à vos besoins à ce moment précis.

Pour fermer la boucle, il peut être utile de résumer ce que vous avez appris ou décidé, que ce soit mentalement ou par écrit. Par exemple, après avoir consulté plusieurs articles sur une actualité, prenez une minute pour reformuler les points clés dans votre tête ou dans un carnet. Cette démarche vous aide à consolider l'information et à passer à autre chose sans avoir l'impression d'avoir "raté" quelque chose. De plus, elle vous permet de gagner en clarté et d'évaluer si des recherches supplémentaires sont nécessaires ou non.

La peur de manquer des informations (ou FOMO, Fear Of Missing Out) peut être un obstacle majeur à la fermeture de la boucle. Rappelez-vous que, dans la plupart des cas, l'essentiel suffit. Les informations secondaires ou complémentaires peuvent être explorées ultérieurement si elles deviennent réellement importantes. Cette capacité à différer ou abandonner la recherche d'information est un signe de maîtrise et non de négligence.

9. Le "content detox"

Tout comme un nettoyage numérique, une détox d'information consiste à identifier les flux, abonnements, et sources qui ne vous apportent pas de valeur et à les éliminer. Prenez le temps de vous désabonner des newsletters non pertinentes, de supprimer les applications inutilisées, et de quitter les groupes en ligne qui ne contribuent pas à votre bien-être ou à vos objectifs. Nous accumulons souvent des abonnements et des sources d'information qui, avec le temps, ne nous apportent plus rien d'utile. Cette surcharge finit par polluer notre esprit, augmenter notre charge mentale, et nous distraire de ce qui compte vraiment. Une détox d'information consiste à faire un tri intentionnel pour éliminer ce qui est superflu et ne garder que ce qui ajoute une véritable valeur à votre vie.

Commencez par évaluer votre environnement numérique. Prenez un moment pour examiner toutes les sources d'information qui occupent votre espace mental et votre temps : vos abonnements à des newsletters, vos applications installées, les groupes en ligne auxquels vous appartenez, ou encore les comptes que vous suivez sur les réseaux sociaux. Posez-vous une question simple pour chaque source : "Est-ce que cela m'enrichit ou m'encombre ?" Si une newsletter reste systématiquement non lue, si un groupe en ligne ne fait que générer du bruit, ou si un compte que vous suivez ne vous inspire plus, il est peut-être temps de vous en débarrasser.

Le désabonnement est l'un des gestes les plus libérateurs dans cette démarche. Chaque fois que vous recevez un email promotionnel ou une newsletter qui n'a plus d'intérêt pour vous, prenez quelques secondes pour cliquer sur le lien de désabonnement au lieu de simplement supprimer le message. Ce petit effort, répété régulièrement, réduit progressivement le volume de contenu non sollicité qui envahit votre boîte de réception. En quelques semaines, vous remarquerez une diminution significative de ces distractions numériques.

Ensuite, tournez votre attention vers les applications sur vos appareils. Sur votre téléphone ou votre ordinateur, vous avez probablement installé des applications que vous n'utilisez plus ou qui ne servent qu'à vous distraire. Passez en revue vos écrans d'accueil et vos dossiers d'applications, et supprimez celles qui ne vous apportent pas de valeur. Cela ne signifie pas éliminer tout divertissement, mais conserver uniquement ce qui vous procure réellement du plaisir ou une utilité.

Les réseaux sociaux méritent également une attention particulière. Faites le tri parmi les comptes que vous suivez : ces contenus vous inspirent-ils encore ? Vous informent-ils sur des sujets pertinents ? Si ce n'est pas le cas, désabonnez-vous sans hésitation. De même, quittez les groupes en ligne qui ne correspondent plus à vos centres d'intérêt ou qui ne contribuent pas positivement à votre quotidien. Ce nettoyage peut sembler drastique, mais il est essentiel pour retrouver un espace numérique clair et intentionnel.

Enfin, pour que votre "content detox" soit réellement efficace, adoptez des habitudes qui empêchent les sources inutiles de revenir. Chaque fois que vous envisagez de vous abonner à une nouvelle source d'information ou de rejoindre un groupe, demandez-vous si cela correspond vraiment à vos objectifs ou à vos besoins. Si vous n'êtes pas certain, attendez avant de prendre une décision. Préservez votre espace numérique comme un lieu de qualité, où chaque contenu a une raison d'être.

Le "content detox" n'est pas un processus à faire une seule fois, mais une pratique régulière qui vous permet de garder le contrôle sur votre rapport à l'information. En éliminant le superflu, vous gagnez non seulement du temps, mais aussi de l'espace mental pour vous concentrer sur ce qui vous enrichit vraiment.

Vous n'avez pas besoin de tout savoir et le plus important est de vous rappeler que vous n'avez pas à être au courant de tout. L'information essentielle trouve toujours son chemin jusqu'à vous, même si vous ne consultez pas chaque détail. Faites la paix avec l'idée de manquer des choses sans que cela impacte votre vie de manière significative.

Ces stratégies transformeront votre rapport à l'information en une expérience intentionnelle et maîtrisée, où c'est vous qui décidez de ce que vous consommez, et non l'inverse. Commencez dès maintenant par désactiver quelques notifications inutiles ou planifier un moment précis pour consulter vos informations. Vous sentirez rapidement la différence.

Apprendre à dire «non»

Nous avons souvent cette habitude presque automatique de dire "oui" à de multiples sollicitations, que ce soit pour des projets professionnels, des demandes familiales, ou des engagements sociaux. Cela peut venir d'un désir sincère d'aider, d'un sentiment d'obligation sociale, ou même d'une peur sous-jacente de décevoir ou de paraître égoïste. Pourtant, cette tendance à accepter sans réfléchir finit par s'accumuler, créant une surcharge mentale et une impression constante de ne jamais en faire assez. Il ne s'agit pas de rejeter toutes les demandes ou de se montrer irresponsable, mais plutôt de faire des choix intentionnels qui respectent vos limites et vos priorités.

Simplifier ses engagements commence par une prise de conscience. Chaque fois qu'une nouvelle sollicitation se présente, au lieu de répondre instantanément par politesse ou habitude, prenez un moment pour évaluer la situation. Demandez-vous : "Cet engagement est-il vraiment aligné avec mes objectifs ou mes valeurs ? Ai-je la capacité, en termes de temps et d'énergie, de l'honorer sans me sentir dépassé ?" En adoptant cette pause réflexive, vous sortez du mode "réaction automatique" pour entrer dans une prise de décision consciente.

Dire "oui" à tout n'est pas une marque de générosité ou d'efficacité si cela se fait au détriment de votre bien-être ou de la qualité de vos engagements actuels. En apprenant à sélectionner soigneusement ce que vous acceptez, vous gagnez en liberté et en clarté. Ce n'est pas un refus des autres, mais une manière de préserver votre énergie pour les choses qui comptent réellement, à la fois pour vous et pour ceux qui bénéficient de votre contribution.

Dire "non" ne signifie pas être égoïste ou insensible, mais plutôt établir des limites claires pour se concentrer sur ce qui est vraiment important pour soi. Cependant, cela peut être difficile, surtout si l'on craint de décevoir ou de susciter un conflit. Voici comment aborder cette pratique de manière respectueuse et constructive.

La première étape pour apprendre à dire "non" est de comprendre vos propres priorités et limites. Prenez le temps de réfléchir à ce qui est essentiel pour vous en ce moment, qu'il s'agisse de vos objectifs professionnels, de votre bien-être personnel, ou de vos relations. Une fois que vous savez clairement où se situent vos priorités, il devient plus facile d'évaluer chaque nouvelle demande et de déterminer si elle s'aligne avec ces priorités ou si elle risque de vous détourner de ce qui compte vraiment. Par exemple, si vous travaillez sur un projet important et que quelqu'un vous demande de l'aide pour un autre, vous pourrez répondre avec assurance que votre priorité actuelle est votre projet principal.

La peur de dire "non" provient souvent d'un sentiment de culpabilité ou d'une peur de blesser l'autre. Pour surmonter cela, il est utile de se rappeler que refuser une demande ne signifie pas rejeter une personne. Vous pouvez dire "non" tout en montrant de l'empathie et du respect.

Par exemple, au lieu de simplement refuser abruptement, vous pourriez dire : "Je comprends que c'est important pour toi, mais je ne peux pas m'engager en ce moment." Ce type de réponse montre que vous prenez la demande au sérieux, tout en affirmant vos limites.

Une autre clé pour apprendre à dire "non" est de s'entraîner à utiliser des formules claires mais courtoises. Beaucoup de gens, par crainte de paraître brusques, ajoutent des explications ou des justifications excessives qui diluent leur message. Par exemple, dire : "Je ne peux pas, car j'ai déjà beaucoup à faire, et je suis désolé, mais peut-être que plus tard..." peut inviter l'autre à insister. Une réponse plus concise comme : "Je ne peux pas cette fois-ci, mais merci de m'avoir demandé" est plus efficace et met un terme à la conversation sans ambiguïté.

Il est également utile de prévoir des réponses adaptées à différentes situations. Par exemple, dans un contexte professionnel, vous pourriez dire : "Je ne peux pas m'engager sur ce projet pour le moment, mais je peux vous recommander une autre ressource." Cela montre que vous êtes prêt à aider dans la mesure de vos capacités, mais sans accepter une charge supplémentaire. Dans un contexte personnel, une phrase comme : "Je préfère me concentrer sur mes priorités actuelles, mais merci de penser à moi" peut être suffisante.

Enfin, apprenez à gérer les réactions des autres avec sérénité. Certaines personnes peuvent insister ou exprimer leur mécontentement lorsque vous dites "non". Restez ferme mais respectueux. Par exemple, vous pouvez répondre calmement : "Je comprends que c'est important pour toi, mais ma décision ne change pas." Rappelez-vous que leur réaction reflète leurs attentes, pas votre valeur ou vos intentions.

Dire "non" est un acte de respect envers soi-même et envers les autres. Cela vous permet de vous engager pleinement dans ce qui compte pour vous, sans vous disperser ni vous épuiser. Avec la pratique, vous découvrirez que poser des limites claires non seulement protège votre bien-être, mais améliore également la qualité des engagements que vous choisissez d'accepter.

Chapitre 5 : Créer des routines minimalistes

Les routines du matin et du soir

Ces moments sont souvent négligés et pourtant il s'agit d'occasions précieuses pour se recentrer, se préparer ou décompresser, et aborder chaque jour avec plus de sérénité et de clarté. Une routine bien pensée peut transformer un début de journée chaotique en un lancement productif, et une fin de journée agitée en une transition apaisante vers un sommeil réparateur.

Le matin, le cerveau est dans un état particulier, entre la sortie du sommeil et l'éveil complet. Il est donc nécessaire de profiter de ce moment pour poser les bases d'une journée sereine et organisée. Une routine matinale efficace ne doit pas être complexe ni chronophage, mais elle doit inclure des pratiques qui stimulent à la fois votre corps et votre esprit.

1. Commencez par un réveil doux et intentionnel

Au lieu de vous précipiter hors du lit, prenez quelques minutes pour vous réveiller en douceur. Évitez de consulter immédiatement votre téléphone ou vos emails. Ces gestes peuvent vous plonger dans un état de stress dès le matin. À la place, pratiquez une respiration profonde ou récitez une affirmation positive pour commencer la journée dans une énergie calme et optimiste. Par exemple, dites-vous : "Aujourd'hui, je choisis d'aborder chaque moment avec clarté et confiance."

2. Hydratez-vous et bougez votre corps

Buvez un verre d'eau dès le réveil pour réhydrater votre corps après la nuit. Ensuite, incorporez une forme d'activité physique, même légère.

Cela peut être une séance de yoga de 10 minutes, une courte promenade, ou quelques étirements. Ces mouvements stimulent votre circulation sanguine, réveillent vos muscles, et favorisent un état d'éveil mental.

3. Planifiez votre journée avec intention

Prenez un moment pour consulter vos priorités du jour. Notez vos trois tâches les plus importantes ou réfléchissez à ce que vous voulez accomplir. Cela vous aide à aborder la journée avec un objectif clair, sans vous laisser submerger par des distractions. Par exemple, tenez un carnet où vous écrivez chaque matin :

- "*Aujourd'hui, je vais me concentrer sur...*".

4. Nourrissez votre corps et votre esprit

Un petit-déjeuner nutritif, riche en protéines ou en fibres, peut vous donner l'énergie nécessaire pour bien démarrer. En parallèle, nourrissez aussi votre esprit. Écoutez un podcast inspirant, lisez quelques pages d'un livre motivant, ou méditez quelques minutes. Cela prépare votre esprit à affronter les défis avec calme et assurance.

Le soir, la routine doit être axée sur la décompression et la transition vers un état de relaxation profonde. Elle vous aide à "fermer les boucles" mentales de la journée et à préparer votre corps et votre esprit à un repos de qualité.

1. Créez une ambiance propice à la détente

Dès que vous entrez dans votre routine du soir, diminuez les lumières et éteignez les écrans au moins une heure avant de dormir. La lumière bleue des écrans perturbe la production de mélatonine, une hormone essentielle pour le sommeil. Remplacez ces distractions par des activités apaisantes, comme lire un livre, écouter de la musique douce, ou prendre un bain chaud.

2. Libérez votre esprit des pensées persistantes

Si vous avez tendance à ruminer ou à penser aux tâches à faire, prenez quelques minutes pour écrire dans un carnet. Notez ce qui vous préoccupe, les choses à accomplir demain, ou vos réflexions sur la journée écoulée. Cela aide à externaliser vos pensées et à alléger votre esprit avant de dormir.

3. Pratiquez une relaxation physique et mentale

Essayez des exercices de relaxation, comme la méditation guidée, la respiration profonde, ou un scan corporel où vous détendez progressivement chaque partie de votre corps. Ces pratiques calment le système nerveux et favorisent un sommeil plus profond et réparateur. Par exemple, une technique de respiration simple est d'inspirer pendant 4 secondes, de retenir votre souffle pendant 4 secondes, puis d'expirer lentement sur 6 secondes.

4. Préparez le lendemain pour soulager votre esprit

Prenez quelques minutes pour organiser vos affaires du lendemain : préparez vos vêtements, organisez votre sac, ou passez en revue rapidement votre agenda. Cette préparation vous permet de vous réveiller avec une sensation de contrôle et de clarté, au lieu d'un stress matinal.

5. Terminez avec de la gratitude

Avant de dormir, réfléchissez à trois choses pour lesquelles vous êtes reconnaissant. Cela peut être un moment agréable de la journée, une personne que vous appréciez, ou simplement le fait d'avoir pris soin de vous. Cette pratique stimule un état d'esprit positif et aide à relâcher les tensions de la journée.

Un exemple pratique de routine matin et soir

› Routine du matin (30 minutes à 1 heure) :

Réveil doux (5 minutes) : respiration profonde ou affirmations positives.

Hydratation et **étirements** (10 minutes) : un verre d'eau suivi de mouvements simples.

Planification (10 minutes) : écrivez vos priorités ou fixez un objectif clé.

Petit-déjeuner et **inspiration** (15 minutes) : savourez un repas sain tout en écoutant un podcast ou en lisant.

› Routine du soir (30 minutes à 1 heure) :

Transition calme (15 minutes) : éteignez les écrans et réduisez les lumières.

Libération mentale (10 minutes) : écrivez dans un journal ou faites un scan corporel.

Préparation (10 minutes) : organisez vos affaires pour le lendemain.

Gratitude et détente (5 minutes) : pensez à trois choses positives et respirez profondément.

En instaurant ces routines, vous créez des espaces de calme qui structurent votre journée. Elles favorisent une transition fluide entre les moments d'activité et de repos, vous permettant de commencer et de terminer chaque jour dans un état d'esprit serein et intentionnel. Avec le temps, ces pratiques deviennent des habitudes qui transforment votre quotidien.

La gestion du temps et des priorités

Il ne s'agit pas simplement de faire plus en moins de temps, mais de mieux organiser vos tâches pour maximiser votre efficacité et préserver votre énergie. Des techniques éprouvées comme la méthode Pomodoro ou les blocs de temps peuvent vous aider à structurer vos journées de manière proactive et intentionnelle.

La méthode Pomodoro

La méthode Pomodoro est une technique de gestion du temps conçue pour maintenir votre concentration et éviter la procrastination. Elle repose sur le principe de travailler en cycles courts, entrecoupés de pauses régulières. Voici comment elle fonctionne :

1. Choisissez une tâche spécifique à accomplir.
2. Réglez un minuteur sur 25 minutes (appelés "Pomodoros").
3. Travaillez de manière intensive et sans interruption jusqu'à ce que le minuteur sonne.
4. Prenez une courte pause de 5 minutes pour vous détendre.
5. Après quatre cycles de travail (soit environ 2 heures), prenez une pause plus longue de 15 à 30 minutes.

Ce format est particulièrement utile pour les tâches qui demandent une concentration intense, comme rédiger un document, résoudre un problème complexe, ou apprendre une nouvelle compétence. Les cycles courts vous aident à maintenir votre attention et à éviter l'épuisement mental, tandis que les pauses régulières permettent à votre cerveau de se reposer et de se réinitialiser.

Les blocs de temps

La technique des blocs de temps (time blocking) consiste à diviser votre journée en segments dédiés à des tâches spécifiques. Contrairement à une liste de tâches classique, où vous jonglez entre les priorités, le blocage de temps vous oblige à attribuer des plages horaires précises à chaque activité. Cela favorise la concentration et réduit la tentation de passer d'une tâche à une autre (multitâche), ce qui est souvent inefficace.

Pour utiliser cette méthode, commencez par identifier vos priorités quotidiennes. Ensuite, allouez un temps défini à chaque tâche dans votre agenda, en veillant à inclure des blocs pour les imprévus et les pauses. Par exemple, vous pourriez réserver 9h à 10h pour répondre aux emails, 10h à 12h pour un projet clé, et 14h à 15h pour une réunion ou une tâche administrative.

Les blocs de temps sont particulièrement efficaces pour gérer des journées chargées ou équilibrer des responsabilités multiples. En sachant exactement ce que vous devez faire et quand, vous évitez de perdre du temps à décider quelle tâche accomplir ensuite, et vous pouvez vous concentrer pleinement sur une chose à la fois.

Combiner les deux techniques pour une gestion optimale

Les méthodes Pomodoro et des blocs de temps peuvent être combinées pour une gestion du temps encore plus efficace. Par exemple, lorsque vous planifiez vos blocs de temps, divisez-les en cycles de travail de 25 minutes (Pomodoros) pour maximiser votre productivité. Ainsi, si vous avez un bloc de 2 heures réservé à la rédaction, vous pourriez le structurer en quatre cycles Pomodoro avec des pauses intermédiaires. Cela vous aide à rester motivé tout en évitant la fatigue liée à une session de travail prolongée.

Exemple pratique d'une journée organisée

Imaginez que vous avez une journée de travail avec plusieurs tâches à accomplir. Voici comment vous pourriez la structurer :

9h à 10h : Emails et organisation

→ Deux Pomodoros pour répondre aux emails importants et organiser vos priorités.

10h à 12h : Projet clé

→ Quatre Pomodoros pour travailler sur un rapport, avec une pause longue à 11h55.

12h à 13h : Pause déjeuner

→ Temps déconnecté pour recharger vos batteries.

13h à 14h : Réunion ou appels

→ Bloc de temps pour les interactions professionnelles.

14h à 15h30 : Tâches administratives

→ Trois Pomodoros pour des tâches comme la facturation ou le suivi des dossiers.

15h30 à 16h : Pause longue ou activité physique

→ Détente pour regagner de l'énergie.

16h à 17h : Travail créatif ou réflexion stratégique

→ Bloc de temps non interrompu pour une tâche qui demande de la créativité.

En utilisant ces techniques, vous gagnez en clarté et en efficacité. Vous évitez la procrastination en travaillant par petites étapes gérables et réduisez la sensation de surcharge en planifiant intentionnellement votre temps. Vous apprenez également à respecter vos limites, grâce à des pauses régulières qui préviennent l'épuisement mental.

Enfin, ces méthodes ne sont pas rigides. Elles peuvent être adaptées à vos besoins et à votre style de travail. Essayez-les dès aujourd'hui pour structurer une tâche ou une journée, et vous découvrirez rapidement à quel point elles peuvent transformer votre rapport au temps et aux priorités.

L'importance des pauses intentionnelles

Les pauses sont souvent perçues comme une perte de temps. Pourtant, elles jouent un rôle essentiel dans la préservation de notre bien-être mental et physique, et elles améliorent même notre efficacité sur le long terme. Les pauses intentionnelles, contrairement aux moments d'évasion improvisés comme le scrolling sur les réseaux sociaux, sont des pauses délibérées et structurées. Elles permettent de recentrer son esprit, de réduire le stress, et d'éviter l'épuisement.

Lorsque vous travaillez en continu, votre cerveau finit par saturer. Cette surcharge cognitive réduit votre capacité à rester concentré et augmente la probabilité d'erreurs ou de procrastination. Les pauses intentionnelles agissent comme des "reset" pour votre esprit, en lui offrant l'espace nécessaire pour se détendre et se régénérer. Elles ne sont pas une distraction, mais un outil pour maintenir une attention durable et améliorer la qualité de votre travail.

En prenant des pauses régulières et réfléchies, vous êtes également mieux équipé pour gérer les imprévus. Votre esprit, moins saturé, devient plus agile et créatif. Par exemple, des études montrent que les personnes qui intègrent des pauses dans leur journée ont une meilleure capacité à résoudre des problèmes complexes et à prendre des décisions éclairées.

Ces pauses intentionnelles sont encore plus bénéfiques lorsqu'elles incluent des exercices qui aident à libérer l'esprit des pensées envahissantes et à retrouver un état de calme. Voici deux approches efficaces : la méditation et l'écriture.

La méditation est une pratique accessible à tous, qui ne nécessite ni formation approfondie ni équipement spécifique. Elle peut être intégrée dans votre quotidien en seulement quelques minutes, où que vous soyez, et offre un moyen efficace de calmer l'agitation mentale. Contrairement à une idée reçue, l'objectif de la méditation n'est pas de "vider complètement" votre esprit ou de supprimer vos pensées, mais plutôt de leur faire de la place, en les observant sans jugement, tout en ramenant doucement votre attention à l'instant présent.

Lorsqu'on médite, on entre dans un état où l'on cesse de se débattre avec les pensées qui surgissent. Plutôt que de les repousser ou de s'y accrocher, on les accueille comme des nuages qui passent dans le ciel. Ce détachement permet d'apaiser les tensions mentales et émotionnelles qui découlent souvent de la surcharge cognitive ou de l'anxiété. Avec le temps, cette pratique développe votre capacité à rester ancré dans l'ici et maintenant, au lieu de vous laisser happer par les préoccupations du passé ou les projections anxieuses sur l'avenir.

La méditation ne demande pas beaucoup de temps pour être efficace. Même trois à cinq minutes de respiration consciente peuvent suffire à recentrer votre esprit. Par exemple, en vous asseyant confortablement et en vous concentrant uniquement sur votre souffle, vous commencez à ressentir un apaisement. Inspirez profondément par le nez, ressentez l'air remplir vos poumons, puis expirez lentement par la bouche. À chaque respiration, imaginez que vous relâchez une partie de vos tensions. Si votre esprit s'égare – et cela arrivera, car c'est normal – ramenez votre attention à votre souffle, sans vous juger.

La simplicité et la flexibilité de la méditation en font un outil que vous pouvez utiliser dans divers contextes. Que ce soit lors d'une pause au travail, avant une réunion stressante, ou à la maison pour vous détendre, la méditation s'adapte à vos besoins et à votre emploi du temps. Avec une pratique régulière, même modeste, elle peut améliorer votre concentration, réduire votre stress, et renforcer votre résilience face aux défis quotidiens.

En fin de compte, la méditation n'est pas un objectif à atteindre, mais un moment pour vous reconnecter à vous-même. Elle vous offre un espace de calme au milieu du tumulte, vous rappelant que, même dans les périodes de surcharge, vous pouvez toujours trouver un instant de paix intérieure en revenant simplement à votre respiration et à l'instant présent.

Voici un exercice de méditation simple que vous pouvez intégrer dans vos pauses :

Installez-vous confortablement. Asseyez-vous sur une chaise ou au sol, le dos droit, les mains posées sur vos genoux.

1. Fermez les yeux et concentrez-vous sur votre respiration. Inspirez profondément par le nez en comptant jusqu'à 4, retenez votre souffle pendant 4 secondes, puis expirez lentement par la bouche en comptant jusqu'à 6. Répétez ce cycle plusieurs fois.
2. Observez vos pensées sans jugement. Si votre esprit commence à vagabonder (et c'est normal), ramenez doucement votre

attention à votre respiration. Imaginez vos pensées comme des nuages qui passent dans le ciel : vous les laissez venir et repartir sans vous y accrocher.

3. Continuez pendant 5 à 10 minutes. Même une courte session suffit à calmer votre esprit et à réduire le stress.

Cet exercice aide à interrompre le flot constant des pensées et à relâcher les tensions. Avec la pratique, vous constaterez que vous pouvez atteindre un état de sérénité plus rapidement, même dans des moments de grande agitation.

L'écriture transforme le chaos mental en mots concrets, ce qui permet de réduire l'encombrement des pensées. En écrivant, vous libérez votre cerveau du rôle de "stockage" d'informations et d'idées, le soulageant ainsi de la charge cognitive liée à la mémorisation ou à la gestion des préoccupations. Que ce soit sur papier ou dans une application numérique, l'écriture agit comme un exutoire, vous aidant à clarifier vos pensées, à mieux les organiser, et à vous concentrer sur l'essentiel.

Lorsque vous êtes submergé par des préoccupations, des idées multiples, ou une liste interminable de tâches, l'écriture peut servir de "déversoir mental". En couchant vos pensées par écrit, vous créez un espace pour prendre du recul, car ce qui est écrit est désormais tangible et moins intimidant que lorsqu'il tourne en boucle dans votre tête. Par exemple, si vous vous inquiétez pour un projet au travail ou une décision importante, noter vos réflexions vous permet d'identifier précisément ce qui vous préoccupe, de poser des priorités, ou même de trouver des solutions en structurant vos idées.

L'écriture est également utile pour explorer vos émotions. Souvent, ce qui encombre notre esprit n'est pas seulement une liste de tâches, c'est aussi des sentiments comme l'anxiété, la colère ou la frustration. En prenant quelques minutes pour écrire ce que vous ressentez, vous vous offrez un moment d'introspection et de libération. Par exemple, écrire

"Je suis stressé parce que je sens que je ne peux pas tout gérer aujourd'hui" peut suffire à prendre conscience de ce qui vous pèse et à commencer à chercher des moyens d'y remédier.

Ce qui rend cette méthode particulièrement efficace, c'est qu'elle ne demande ni talent littéraire ni matériel sophistiqué. Un carnet, une feuille volante, ou une application de prise de notes sur votre téléphone suffisent. L'important est de laisser vos pensées s'exprimer librement, sans essayer de les organiser ou de les perfectionner. Le simple fait d'écrire ce qui vous passe par la tête, même si cela semble désordonné ou incohérent, permet souvent de dénouer des nœuds mentaux et de relâcher une partie de la tension accumulée.

Enfin, l'écriture n'est pas que un moyen de vider votre esprit, c'est aussi celui de poser des bases pour l'action. Une fois vos pensées transcrites, vous pouvez les relire pour identifier les éléments qui méritent une attention particulière ou une prise de décision. Cela vous aide à passer d'un état de surcharge à une posture proactive, où vous pouvez hiérarchiser vos priorités et planifier vos prochaines étapes avec clarté. En résumé, l'écriture est une pratique simple, mais profondément transformatrice, qui vous permet de reprendre le contrôle sur vos pensées et de retrouver un esprit plus apaisé et organisé.

Voici un exercice d'écriture rapide pour une pause efficace :

1. Prenez un carnet ou ouvrez une application de notes.
2. Écrivez tout ce qui vous passe par la tête. Pendant 5 à 10 minutes, notez vos pensées sans chercher à les organiser ou à les censurer. Cela peut inclure des préoccupations, des idées, des tâches, ou simplement ce que vous ressentez à ce moment-là.
3. Identifiez les éléments importants. Une fois votre écriture terminée, relisez rapidement ce que vous avez écrit. Soulignez

ou mettez en évidence les points qui méritent une action ou une réflexion plus approfondie.

Laissez le reste derrière vous. Ce qui n'est pas prioritaire peut être "laissé sur le papier". Vous pouvez fermer le carnet en ayant l'esprit plus léger, sachant que vos pensées sont consignées et accessibles si besoin.

Cette méthode est particulièrement libératrice, car elle vous permet d'extérioriser ce qui tourne en boucle dans votre tête. Une fois écrit, vous pouvez décider de ce qui mérite votre attention et relâcher le reste.

——————

Pour bénéficier pleinement des pauses intentionnelles, planifiez-les dans votre journée. Par exemple, utilisez la méthode Pomodoro pour insérer des pauses de 5 minutes toutes les 25 minutes de travail, ou accordez-vous des pauses plus longues toutes les 2 heures. Profitez-en pour pratiquer ces exercices de méditation ou d'écriture, qui ne demandent que peu de temps mais ont un impact significatif sur votre état d'esprit.

Chapitre 6 : Le minimalisme émotionnel

Apprendre à gérer les émotions envahissantes

Apprendre à gérer les émotions envahissantes, c'est développer une relation plus saine avec ses ressentis, sans chercher à les fuir ni à les laisser prendre le contrôle. Les émotions, même les plus intenses, ne sont pas des ennemies à combattre, mais des signaux qui portent des messages importants sur nos besoins, nos limites, ou nos expériences. Comprendre et apprivoiser ces émotions demande un mélange d'introspection, de techniques pratiques, et de patience.

La première étape consiste à reconnaître et accepter l'émotion sans jugement. Souvent, nous avons tendance à vouloir rejeter ou ignorer une émotion envahissante, comme la colère, la tristesse ou l'anxiété, ce qui peut la rendre encore plus puissante. Prenez un moment pour nommer ce que vous ressentez, comme si vous observiez un phénomène extérieur : "Je ressens de la frustration", ou "Je suis submergé par l'anxiété." Le simple fait de mettre un mot sur l'émotion peut aider à la rendre plus tangible et moins oppressante.

Une fois l'émotion identifiée, il est utile de se connecter à son corps. Les émotions envahissantes se manifestent souvent physiquement, par exemple par une tension dans les épaules, un rythme cardiaque accéléré, ou une sensation de boule dans la gorge. Prendre conscience de ces signaux corporels permet de retrouver une ancrage. Vous pouvez essayer des exercices simples comme respirer profondément, vous étirer, ou poser une main sur votre cœur pour apporter une sensation de réconfort physique. Ces gestes favorisent un apaisement immédiat et renforcent votre capacité à rester présent face à l'émotion.

Explorez leur origine en vous demandant : "*Qu'est-ce qui a déclenché cette émotion ? Y a-t-il un besoin non satisfait ou une limite qui a été franchie ?*" Cette réflexion vous aide à comprendre pourquoi l'émotion est là et ce qu'elle essaie de vous signaler. Par exemple, une colère peut révéler un sentiment d'injustice, tandis qu'une tristesse peut pointer vers un besoin de connexion ou de repos. Une fois l'origine identifiée, vous pouvez réfléchir à des actions concrètes pour répondre à ce besoin ou rectifier la situation.

Parfois, il peut être utile de prendre du recul par rapport à l'émotion, surtout lorsqu'elle semble trop envahissante pour être gérée immédiatement. Visualisez-la comme une vague : elle monte, atteint son pic, puis redescend naturellement. Toutes les émotions sont temporaires, même si elles semblent écrasantes sur le moment. Cette perspective peut vous aider à ne pas vous identifier complètement à l'émotion. Vous ressentez de la tristesse, mais vous n'êtes pas "triste". Vous traversez un moment d'anxiété, mais cela ne vous définit pas.

Enfin, apprenez à utiliser des stratégies d'expression pour libérer l'émotion. Par exemple, parler à un ami ou à un proche peut vous offrir un espace sûr pour partager ce que vous ressentez et obtenir du soutien. Si vous préférez une approche plus introspective, écrire dans un journal peut être une manière efficace d'organiser vos pensées et de relâcher la pression. D'autres activités, comme dessiner, danser, ou même crier dans un oreiller, peuvent également offrir une catharsis et un soulagement émotionnel.

Gérer les émotions envahissantes n'est pas un processus linéaire, et il est normal de rencontrer des difficultés en chemin. Avec la pratique, vous développerez une plus grande résilience émotionnelle, en apprenant à accueillir vos ressentis comme des alliés plutôt que des adversaires.

Se détacher des relations toxiques

Se détacher des relations toxiques est une démarche essentielle pour préserver son bien-être mental et émotionnel. Ces relations, qu'elles soient amicales, familiales, ou professionnelles, peuvent générer un stress constant, saper votre confiance en vous, et créer une surcharge émotionnelle. Identifier ces relations et limiter leur impact nécessite un mélange d'introspection, de courage, et d'action concrète.

La première étape consiste à reconnaître les relations qui ont un effet négatif sur vous. Une relation toxique ne signifie pas nécessairement que l'autre personne est "mauvaise", mais plutôt que la dynamique entre vous est déséquilibrée ou nuisible. Voici quelques signes à observer :

✓ Vous vous sentez vidé, anxieux ou stressé après avoir interagi avec cette personne.

✓ Il y a un manque de respect ou des comportements répétitifs de manipulation, de contrôle, ou de critique constante.

✓ Vos besoins ou vos limites ne sont pas respectés, et vos efforts pour les exprimer sont ignorés ou minimisés.

✓ La relation est à sens unique : vous donnez beaucoup, mais recevez peu en retour.

✓ Vous ressentez de la culpabilité ou de la peur à l'idée de poser des limites ou de vous éloigner.

Identifier ces dynamiques demande de l'honnêteté envers vous-même. Prenez un moment pour réfléchir aux relations qui vous laissent dans un état émotionnelment négatif. Il peut être utile de tenir un journal pour noter vos ressentis après chaque interaction et repérer les schémas récurrents.

Une fois ces relations identifiées, la prochaine étape est de réduire leur influence sur votre vie. Cela ne signifie pas toujours rompre complètement, mais plutôt établir des limites claires pour protéger votre bien-être.

1. **Posez des limites fermes** : Exprimez vos besoins de manière directe et respectueuse. Par exemple, si une personne critique constamment vos choix, vous pourriez dire : "Je comprends que vous avez une opinion différente, mais j'aimerais que vous respectiez mes décisions." Posez des limites concernant la fréquence et le type d'interactions que vous êtes prêt à tolérer. Si la personne ne respecte pas vos limites, il est essentiel de les réaffirmer calmement et, si nécessaire, de réduire davantage le contact.

2. **Réduisez le temps passé ensemble** : Vous n'êtes pas obligé d'être disponible tout le temps. Si une relation est particulièrement drainante, limitez les interactions à des moments spécifiques ou plus espacés. Par exemple, choisissez de répondre à un appel ou un message lorsque vous vous sentez prêt, au lieu de réagir immédiatement.

3. **Protégez votre énergie mentale** : Adoptez des stratégies pour minimiser l'impact émotionnel des interactions toxiques. Par exemple, préparez-vous mentalement avant une rencontre en vous rappelant que vous avez le contrôle sur vos réactions. Après une interaction, prenez du temps pour vous recentrer, que ce soit par une promenade, une respiration profonde, ou une activité qui vous fait du bien.

4. **Cherchez du soutien** : Se détacher d'une relation toxique peut être émotionnellement difficile. Parlez-en à une personne de confiance, comme un ami, un membre de la famille ou un thérapeute, qui peut vous offrir un point de vue extérieur et un soutien moral. Partager votre expérience peut aussi vous aider à vous sentir moins isolé dans ce processus.

Dans certains cas, la meilleure solution est de couper complètement les liens avec une personne toxique, surtout si elle refuse de changer ou si la relation cause des dommages importants à votre bien-être. Cela peut sembler radical, mais il est parfois essentiel de prioriser votre santé mentale. Rompre ne signifie pas agir dans la colère ou le ressentiment, mais prendre une décision pour vous protéger. Si cela est possible, expliquez calmement votre décision, mais sachez que vous n'avez pas à vous justifier longuement.

Une fois la relation limitée ou terminée, concentrez-vous sur votre propre guérison et croissance. Prenez le temps de réfléchir aux leçons apprises et de reconstruire votre confiance en vous. Entourez-vous de relations positives et nourrissantes, et investissez dans des activités qui vous apportent joie et sérénité.

Se détacher des relations toxiques est un acte de courage et de bienveillance envers soi-même. Ce processus, bien qu'il puisse être inconfortable au début, vous libère pour créer un environnement émotionnellement sain et aligné avec vos besoins et vos valeurs. Vous méritez d'être entouré de personnes qui respectent et soutiennent votre bien-être.

Cultiver des émotions positives

Cultiver des émotions positives consiste à nourrir délibérément des sentiments comme la joie, la gratitude, la sérénité ou l'enthousiasme, afin de créer un état d'esprit plus équilibré et résilient face aux défis de la vie. Cela ne signifie pas ignorer ou nier les émotions négatives, mais plutôt chercher activement à renforcer les expériences et les pensées qui apportent du bien-être. Les émotions positives sont, certes, agréables, mais elles ont également un effet transformateur sur notre santé mentale et physique, en réduisant le stress, en améliorant notre concentration et en favorisant des relations harmonieuses.

Pour y parvenir, il est essentiel d'apprendre à reconnaître et savourer les petites sources de bonheur dans votre quotidien. Cela peut sembler simple, mais dans un monde où l'on accorde souvent plus d'attention aux problèmes qu'aux plaisirs, cela demande une intention consciente. Prenez l'habitude de remarquer les moments agréables, comme un rayon de soleil, une conversation chaleureuse ou une tâche bien accomplie. Ensuite, donnez-vous la permission de pleinement apprécier ces instants, sans vous précipiter vers la prochaine obligation.

Pratiquer la gratitude est également une approche efficace pour développer des émotions positives. Chaque jour, prenez quelques minutes pour réfléchir à trois choses pour lesquelles vous êtes reconnaissant, qu'elles soient petites ou grandes. Cela peut être le soutien d'un proche, un bon repas ou simplement un moment de calme. Noter ces éléments dans un carnet de gratitude permet de renforcer leur impact, en vous aidant à vous concentrer sur ce qui va bien dans votre vie, même dans les périodes difficiles.

S'engager dans des activités qui favorisent le "flow" – cet état où vous êtes totalement immergé et engagé dans une tâche – est une autre façon de nourrir des émotions positives. Identifiez les activités qui vous passionnent ou vous détendent, comme le dessin, le jardinage, la cuisine ou le sport, et consacrez-y du temps régulièrement. Ces moments vous permettent de vous sentir vivant et aligné avec vous-même, ce qui génère un sentiment de satisfaction durable.

Porter attention à vos pensées joue également un rôle clé dans cette démarche. Nos émotions sont souvent influencées par notre dialogue intérieur. Lorsque vous vous surprenez à avoir des pensées critiques ou pessimistes, essayez de les reformuler en des affirmations plus encourageantes ou réalistes. Par exemple, au lieu de penser "Je ne vais jamais y arriver," dites-vous "J'apprends à mon rythme, et chaque petit progrès compte." Cette approche aide à construire un état d'esprit plus optimiste et constructif.

Enfin, entourez-vous de personnes et d'expériences qui favorisent vos émotions positives. Passez du temps avec des gens qui vous inspirent, vous font rire ou vous soutiennent dans vos projets. Recherchez des expériences qui éveillent votre curiosité ou votre émerveillement, comme une balade en nature, une découverte culturelle ou simplement un moment de silence pour observer la beauté autour de vous.

Avec le temps et la pratique, cultiver des émotions positives devient une seconde nature. Vous créez ainsi un terrain fertile pour grandir émotionnellement, en renforçant votre capacité à profiter de la vie et à rebondir face aux défis.

Chapitre 7 : Le digital minimalisme

Détox numérique : Par où commencer ?

Avant tout, il est essentiel de prendre conscience de vos habitudes actuelles. Observez comment et combien de temps vous utilisez vos appareils. Cette prise de conscience est l'une des premières étapes.

- Pourquoi consultez-vous votre téléphone ?

- Est-ce par ennui, par habitude, ou pour répondre à un besoin précis ?

Prenez note des moments où vous ressentez une pression numérique ou une surcharge, comme le matin au réveil ou le soir avant de dormir. Cela vous permettra de mieux cibler les ajustements nécessaires.

Une fois cette analyse faite, fixez-vous des priorités. Pourquoi souhaitez-vous réduire votre usage numérique ? Est-ce pour passer plus de temps sur des projets personnels, retrouver une meilleure concentration, ou simplement réduire votre stress ? Ces objectifs vous guideront et donneront du sens à votre démarche. Cela ne signifie pas tout changer en une fois, mais commencer par des actions concrètes et accessibles.

La première chose à faire est de désactiver les notifications inutiles. Les alertes constantes captent votre attention de manière permanente, rendant impossible un véritable moment de calme. Désactivez tout ce qui n'est pas indispensable : les notifications de réseaux sociaux, de shopping, ou d'applications que vous utilisez peu. Gardez uniquement ce qui est essentiel, comme les appels urgents ou les rappels critiques. Cette simple action crée immédiatement une sensation d'apaisement.

Ensuite, introduisez des moments sans écrans dans votre journée. Par exemple, choisissez de ne pas consulter votre téléphone dans la première heure après votre réveil. Remplacez ce moment par une activité qui vous recentre, comme la lecture, la méditation, ou une promenade. De même, évitez les écrans une heure avant de vous coucher pour améliorer la qualité de votre sommeil. Ces moments sans distraction numérique permettent de renouer avec un rythme plus naturel et apaisant.

Il peut également être bénéfique de dédier des espaces physiques à la déconnexion. La table à manger, par exemple, peut devenir un lieu sans technologie, favorisant des échanges réels et une alimentation plus consciente. De même, bannir les appareils numériques de votre chambre transforme cet espace en un sanctuaire de repos. Ces petites décisions ont un impact profond sur votre bien-être au quotidien.

Pour ceux qui se sentent particulièrement envahis par les réseaux sociaux, il peut être judicieux de limiter leur usage. Fixez des plages horaires spécifiques pour y accéder ou définissez un temps maximal par jour. Si nécessaire, prenez une pause en désinstallant temporairement les applications qui monopolisent le plus votre attention. Vous réaliserez rapidement que vous ne manquez pas grand-chose et que votre esprit s'allège.

Faire le tri dans vos abonnements numériques est un autre moyen efficace d'alléger votre charge mentale. Désabonnez-vous des newsletters que vous ne lisez pas, quittez les groupes qui ne vous apportent rien, et ne suivez sur les réseaux sociaux que les comptes qui vous inspirent ou enrichissent votre réflexion. En réduisant le bruit informationnel, vous créez de l'espace pour des contenus qui comptent vraiment.

Enfin, remplacer une partie de votre temps en ligne par des activités ancrées dans le monde réel. Prenez un livre, cuisinez une nouvelle recette, explorez un sentier ou essayez une activité créative. Ces expériences vous reconnectent à vous-même et au monde qui vous entoure, offrant un équilibre salutaire à la vie numérique.

La détox numérique n'a pas pour objectif de rejeter la technologie, mais de l'utiliser de manière plus consciente et équilibrée. En réduisant progres-sivement l'espace qu'elle occupe dans votre vie, vous découvrirez une nouvelle liberté mentale et une capacité accrue à profiter de l'instant présent. Cette démarche modeste au départ, peut transformer en profondeur votre rapport au numérique et à vous-même.

Créer un environnement numérique apaisant

La première étape consiste à désencombrer vos appareils. Tout comme un espace physique encombré peut générer du stress, des écrans saturés d'icônes, d'applications inutilisées, ou de notifications constantes créent un sentiment de désorganisation. Prenez le temps de trier vos appareils : supprimez les applications que vous n'utilisez plus, archivez ou supprimez les fichiers et documents qui n'ont plus de pertinence, et organisez vos dossiers de manière intuitive. Par exemple, regroupez vos applications en catégories claires, comme "travail", "loisirs", ou "bien-être", afin de réduire la confusion et de simplifier l'accès à ce qui compte vraiment.

Nous en avons déjà parler, les notifications sont une source majeure de distraction et de surcharge. Pour apaiser votre environnement numérique, désactivez toutes les notifications non essentielles. Seuls les rappels urgents ou les messages importants doivent avoir le droit de solliciter votre attention. Prenez également l'habitude de consulter vos applications et vos emails à des moments spécifiques de la journée, plutôt que de réagir aux alertes en temps réel. Cette approche vous permet de rester concentré sur vos priorités et réduit l'anxiété liée à l'impression d'être constamment sollicité.

La lumière émise par les écrans peut affecter votre bien-être, notamment en perturbant votre sommeil. Activez les fonctionnalités de réduction de lumière bleue disponibles sur vos appareils ou installez des applications qui ajustent la température des couleurs en fonction de l'heure. Ces réglages créent une ambiance plus douce et moins agressive, particulièrement en soirée. Vous pouvez également configurer vos écrans pour afficher des fonds d'écran apaisants, comme des paysages naturels ou des couleurs douces, qui contribuent à une sensation de calme.

Votre boîte de réception, qu'elle soit professionnelle ou personnelle, peut rapidement devenir une source de stress si elle est saturée de messages non lus ou de spams. Appliquez une politique stricte de tri et de gestion : désabonnez-vous des newsletters que vous ne lisez pas, créez des filtres pour organiser automatiquement vos emails par catégories, et traitez les messages importants dès que possible pour éviter l'accumulation. Une boîte de réception claire et bien organisée vous apporte un sentiment de maîtrise et de légèreté.

Investir dans des outils numériques qui favorisent votre bien-être est également un excellent moyen de créer un environnement apaisant. Par exemple, utilisez des applications de méditation, des trackers de temps d'écran, ou des plateformes qui soutiennent vos habitudes positives, comme un journal numérique ou un gestionnaire de tâches minimaliste. Ces outils peuvent vous aider à garder un équilibre entre le numérique et le réel.

Enfin, vous pourriez installer des rappels ou utiliser des applications de déconnexion pour vous encourager à poser vos appareils et à vous recentrer sur des activités non numériques. Par exemple, configurez votre téléphone pour passer automatiquement en mode "ne pas déranger" à partir d'une certaine heure le soir.

Reprendre le contrôle sur les réseaux sociaux

Les réseaux sociaux captivent une grande partie de notre attention au quotidien, souvent au point de devenir addictifs. Ce phénomène ne doit rien au hasard : ces plateformes sont conçues pour capter et maintenir notre engagement grâce à des mécanismes psychologiques subtils et puissants. Comprendre pourquoi nous devenons accros est la première étape pour reprendre le contrôle sur notre utilisation et retrouver un rapport plus équilibré avec ces outils.

Les réseaux sociaux exploitent deux leviers majeurs de notre cerveau : le besoin de validation sociale et le système de récompense. Lorsque vous recevez un "like", un commentaire ou un nouveau follower, votre cerveau libère de la dopamine, une hormone associée au plaisir et à la récompense. Ce mécanisme, similaire à celui des jeux d'argent, vous pousse inconsciemment à revenir sur la plateforme pour obtenir une nouvelle "dose" de satisfaction. Par ailleurs, le flux infini de contenu est une autre source d'addiction. L'effet "scroll sans fin" donne l'impression que quelque chose de nouveau ou d'intéressant se trouve juste après le prochain geste, vous incitant à prolonger votre temps d'écran bien au-delà de ce que vous aviez initialement prévu.

Les réseaux sociaux exploitent également notre peur de manquer quelque chose d'important, connue sous le nom de FOMO (Fear Of Missing Out). Cette crainte nous pousse à vérifier constamment nos applications pour être sûrs de ne rien rater, qu'il s'agisse de nouvelles, de tendances ou d'interactions sociales. Ce comportement, combiné à l'algorithme qui personnalise votre flux pour maximiser votre engagement, crée un cycle difficile à briser.

Pour reprendre le contrôle, il faut d'abord prendre conscience de votre usage. Installez une application ou utilisez les fonctionnalités intégrées à votre téléphone pour suivre le temps que vous passez sur les réseaux sociaux. Notez également vos émotions après chaque utilisation : vous sentez-vous inspiré, stressé, envieux ou vide ? Cette introspection vous aide à identifier l'impact qu'ils ont sur votre bien-être et à vous poser des limites intentionnelles.

Avant d'ouvrir une application, prenez un instant pour réfléchir à la raison de votre visite. Est-ce pour obtenir une information précise, interagir avec un proche, ou simplement pour combler un vide ? Cette réflexion préliminaire peut aider à réduire l'utilisation automatique et compulsive.

Instaurer une distance émotionnelle par rapport à ce que vous y voyez. Apprenez à observer sans vous comparer ou vous sentir impliqué dans tout ce qui défile dans votre flux. Cultivez une attitude de détachement bienveillant, où vous appréciez le contenu pour ce qu'il est sans vous laisser affecter par des émotions négatives comme l'envie ou la frustration.

Si vous souhaitez aller plus loin, redéfinissez le rôle des réseaux sociaux dans votre vie. Transformez-les en outils délibérément orientés vers des objectifs précis : apprendre, partager, ou s'inspirer. Ajustez vos abonnements et votre participation de manière à limiter l'exposition aux contenus superflus ou anxiogènes. Cette démarche vous aide à privilégier des interactions et des informations qui enrichissent réellement votre quotidien, tout en réduisant l'impact des algorithmes sur vos habitudes.

Reprendre le contrôle sur les réseaux sociaux demande une certaine discipline et de la régularité, mais les bénéfices en termes de clarté mentale, de temps retrouvé et de sérénité en valent largement l'effort.

Chapitre 8 : Le minimalisme comme état d'esprit

Le minimalisme c'est apprendre à se concentrer sur l'essentiel, pas seulement en termes d'objets, mais aussi dans nos pensées, nos engagements et nos priorités. C'est une façon de vivre qui consiste à désencombrer son espace et à simplifier ce qui se passe à l'intérieur de soi. Pour que cette philosophie reste un mode de vie durable, il faut parfois se rappeler pourquoi on a choisi ce chemin et comment éviter de retomber dans des schémas qui nous tiraient vers une surcharge inutile.

Une des raisons pour lesquelles on peut avoir du mal à maintenir cet état d'esprit, c'est que nos vieilles habitudes refont surface presque sans qu'on s'en rende compte. On se dit qu'un nouvel achat "ne fera pas de mal", ou on accepte une tâche de plus parce qu'on veut être utile. Et voilà qu'on se retrouve à accumuler des choses et des responsabilités, du stress, et des distractions. C'est là qu'il faut s'arrêter et se poser des questions simples : "Est-ce que j'ai vraiment besoin de ça ? Est-ce que ça me rend heureux ou ça alourdit ma vie ?"

Un autre piège, c'est de ne pas prendre le temps de réfléchir à ses priorités. Si on ne sait pas clairement ce qui compte vraiment pour nous, c'est facile de laisser le bruit extérieur – les attentes des autres, les tendances, les obligations – reprendre le dessus. Le minimalisme, c'est justement un moyen de faire de la place pour ce qui est essentiel, et pour ça, il faut rester en phase avec soi-même. C'est comme entretenir un jardin : si on n'y revient pas régulière-ment, les mauvaises herbes repoussent.

Et puis, il y a ce sentiment de culpabilité qui peut nous faire vaciller. Dire "non" à des choses ou des personnes, ce n'est pas facile. Mais il faut se rappeler que chaque "non" est en réalité un "oui" à autre chose : plus de calme, plus de temps pour les projets ou les personnes qui comptent vraiment. Ça demande de la pratique, mais aussi de la bienveillance envers soi-même. Ce n'est pas un problème si on fait un pas de travers de temps en temps, l'important, c'est de revenir à ce qui nous fait du bien.

Pour éviter de retomber dans ces vieilles habitudes, il peut être utile d'intégrer des petits rituels dans son quotidien. Par exemple, une fois par mois, prenez un moment pour faire le tri : dans vos affaires, vos engagements, ou même vos pensées. Posez-vous des questions sur ce que vous gardez, ce que vous laissez partir. C'est un moyen simple de rester connecté à ce mode de vie sans se sentir prisonnier d'une règle stricte.

Au fond, le minimalisme comme état d'esprit, ce n'est pas une destination à atteindre, mais un chemin sur lequel on avance. Parfois, on trébuche, parfois on fait un détour, mais tant qu'on se recentre régulièrement, on reste fidèle à soi-même. Ce qui compte, c'est de vivre une vie qui a du sens pour vous, pas pour les autres. Et ça, ça demande juste de l'attention, pas de la perfection.

Conclusion : Votre nouvelle liberté mentale

Le minimalisme mental offre une multitude de bénéfices qui touchent toutes les facettes de la vie. En choisissant de simplifier ses pensées, ses engagements et son environnement, on libère de l'espace mental, du temps et de l'énergie pour ce qui compte vraiment. Cela se traduit par une meilleure clarté d'esprit, une diminution du stress, et une capacité accrue à se concentrer sur ses priorités. On apprend à apprécier les moments de calme, à cultiver des relations authentiques, et à aborder les défis avec plus de sérénité.

Ce cheminement, parfois exigeant, apporte une véritable transformation intérieure. En laissant de côté ce qui nous pèse ou nous distrait, on fait de la place pour des expériences plus riches et significatives. On découvre qu'il est possible de vivre avec moins mais mieux, et que cette légèreté ne signifie pas un vide, mais un équilibre.

Je tiens à vous remercier d'avoir entrepris ce voyage, car c'est un acte de courage et de bienveillance envers vous-même. Simplifier sa vie n'est pas toujours simple, mais chaque petit pas compte. N'oubliez pas que ce chemin n'a pas besoin d'être parfait. Il s'agit de trouver ce qui fonctionne pour vous, d'expérimenter, de reculer parfois, mais de toujours avancer avec intention.

Personnellement, j'ai trouvé que le minima-lisme mental a été une bouffée d'air frais dans ma vie. Il m'a appris à ralentir, à écouter mes besoins et à apprécier ce que j'ai déjà. Si vous doutez ou si vous trouvez cela difficile, rappelez-vous pourquoi vous avez commencé. Votre bien-être, votre paix intérieure, et votre bonheur méritent tout le temps et l'attention que vous leur consacrez.

Continuez votre chemin avec patience et bienveillance, et n'oubliez jamais de célébrer vos progrès, aussi petits soient-ils. Vous êtes déjà en train de construire une vie plus légère, plus alignée avec ce que vous êtes, et cela mérite d'être reconnu. Merci d'avoir pris ce temps pour vous et pour avancer dans cette direction. Vous êtes sur la bonne voie, et je suis convaincu que les bénéfices continueront à se manifester jour après jour.

Bonus

Evaluer ses priorités

Voici une liste de questions pour vous aider à évaluer vos priorités et vous recentrer sur ce qui compte vraiment. Répondre honnêtement à ces questions vous aidera à clarifier vos priorités et à orienter vos choix vers une vie plus alignée avec vos valeurs et vos besoins.

Quelles sont les trois choses les plus importantes pour moi dans ma vie actuelle ?

(Cela peut inclure des valeurs, des objectifs, des relations, ou des aspects de votre bien-être.)

Est-ce que mes actions quotidiennes reflètent ces priorités ?

(Passez en revue comment vous utilisez votre temps et votre énergie chaque jour.)

Quelles sont les activités ou les engagements qui m'apportent de la joie ou de la satisfaction ?

(Identifiez ce qui vous fait vraiment du bien et qui mérite votre attention.)

Qu'est-ce qui me pèse ou me draine inutilement ?

(Cela peut inclure des responsabilités, des relations ou des habitudes.)

Si je devais choisir une seule chose à accomplir cette semaine, quelle serait-elle ?

(Cela vous aide à clarifier ce qui est essentiel à court terme.)

Qu'est-ce que je fais par habitude ou par obligation, mais qui n'a plus de sens pour moi ?

(Repensez vos routines et vos engagements.)

Quels sont mes objectifs à long terme, et suis-je aligné avec eux ?

(Réfléchissez à ce qui vous motive sur le long terme et à votre progression.)

À quoi est-ce que je dis "oui", et que pourrais-je apprendre à dire "non" ?

(Explorez vos limites et votre capacité à protéger votre temps.)

Quels sont les trois domaines de ma vie où je me sens le plus surchargé ?

(Identifiez les zones où vous pourriez simplifier ou déléguer.)

Qu'est-ce qui me rend fier ou satisfait à la fin d'une journée ?

(Cela peut révéler ce qui est réellement important pour vous.)

Si je devais simplifier une chose dans ma vie, laquelle choisirais-je ?

(Concentrez-vous sur ce qui pourrait avoir le plus grand impact.)

Qu'est-ce qui me motive ou m'inspire profondément ?

(Identifiez vos sources de passion et d'énergie.)

Quels engagements ai-je pris pour plaire aux autres, mais qui ne me conviennent pas ?

(Faites le point sur les compromis inutiles que vous pourriez éliminer.)

Quelles relations enrichissent ma vie, et lesquelles la compliquent ?

(Réfléchissez à la qualité des liens que vous entretenez.)

Si je disposais de plus de temps et d'énergie, à quoi les consacrerais-je ?

(Cela peut révéler des envies ou des aspirations négligées.)

---

10 exercices pour le lâcher prise

Voici quelques exercices quotidiens simples mais efficaces pour pratiquer le lâcher-prise. Ces pratiques, intégrées à votre routine, peuvent vous aider à relâcher les tensions, à abandonner ce que vous ne pouvez pas contrôler, et à cultiver un état d'esprit plus apaisé.

1. La respiration consciente pour apaiser les pensées

Prenez cinq minutes chaque jour pour vous concentrer sur votre respiration. Installez-vous confortablement, fermez les yeux, et inspirez profondément par le nez en comptant jusqu'à 4, retenez votre souffle pendant 4 secondes, puis expirez lentement par la bouche en comptant jusqu'à 6. À chaque expiration, imaginez que vous relâchez une tension, une inquiétude ou une pensée négative. Cet exercice simple aide à calmer l'esprit et à vous recentrer sur l'instant présent.

2. Le "rituel de l'écrit" pour déposer ses préoccupations

Chaque soir, prenez un carnet et écrivez pendant cinq minutes tout ce qui vous encombre l'esprit. Notez vos soucis, vos frustrations, ou vos pensées répétitives, sans chercher à organiser ou à juger ce que vous écrivez. Une fois terminé, refermez le carnet avec l'intention symbolique de laisser ces pensées derrière vous. Cet acte physique d'écriture et de fermeture aide à externaliser vos préoccupations et à alléger votre esprit avant de dormir.

3. Le scan corporel pour relâcher les tensions

Avant de commencer ou de terminer votre journée, allongez-vous ou asseyez-vous dans un endroit calme. Fermez les yeux et portez votre attention sur chaque partie de votre corps, en commençant par vos pieds et en remontant jusqu'à votre tête. À chaque étape, observez les tensions ou inconforts et, en expirant, imaginez que vous relâchez ces sensations. Cet exercice favorise une relaxation profonde et vous ancre dans le moment présent.

4. La visualisation pour se détacher des pensées envahissantes

Prenez quelques minutes pour fermer les yeux et imaginez vos pensées ou vos préoccupations comme des feuilles qui flottent sur une rivière. Regardez-les passer devant vous, emportées par le courant, sans essayer de les retenir ni de les combattre. Cette visualisation symbolique aide à adopter une posture d'observateur, vous permettant de vous détacher de vos pensées sans leur donner trop d'importance.

5. Le lâcher-prise intentionnel au cours d'une tâche quotidienne

Pendant une activité simple comme la vaisselle, le ménage ou une promenade, concentrez-vous uniquement sur ce que vous faites. Observez les sensations – l'eau sur vos mains, le contact du sol sous vos pieds – et laissez les pensées passer sans vous y accrocher. Cet exercice vous aide à être pleinement présent et à relâcher les soucis inutiles.

6. Pratiquez le "mantra du lâcher-prise"

Choisissez une phrase courte et apaisante que vous répéterez silencieusement lorsque vous vous sentez submergé. Par exemple : "Je fais de mon mieux, le reste ne dépend pas de moi." Répéter ce mantra régulièrement vous rappelle que vous n'avez pas besoin de tout contrôler et vous aide à lâcher prise sur ce qui dépasse votre influence.

7. Lâcher-prise grâce au mouvement

Intégrez une activité physique qui favorise le relâchement, comme le yoga, la danse ou une marche tranquille. Concentrez-vous sur vos mouvements et sur la manière dont votre corps se libère des tensions à chaque pas ou étirement. Le mouvement conscient est un excellent moyen d'évacuer les énergies stagnantes et de retrouver un sentiment de liberté.

8. Acceptez une imperfection chaque jour

Prenez l'habitude d'observer une situation où vous auriez normalement voulu tout contrôler ou tout corriger. Au lieu de chercher à atteindre la perfection, acceptez volontairement une petite imperfection. Par exemple, laissez un mail non urgent pour le lendemain ou terminez une tâche "assez bien" sans chercher à la peaufiner. Célébrez cet acte comme un pas vers le lâcher-prise.

9. Rituel de gratitude pour alléger le mental

Chaque soir, avant de dormir, identifiez trois choses pour lesquelles vous êtes reconnaissant. Cela peut être un moment agréable, un sourire échangé ou simplement le fait d'avoir pris soin de vous. En focalisant votre attention sur ce qui va bien, vous réduisez la place des préoccupations inutiles dans votre esprit.

10. Planifier et libérer pour mieux lâcher-prise

Si vous êtes préoccupé par une tâche ou un problème, planifiez un moment précis pour vous en occuper. Une fois que cette étape est notée dans votre agenda ou votre liste de tâches, décidez consciemment de ne plus y penser jusqu'à ce moment-là. Cette méthode vous aide à lâcher prise sur l'instant tout en sachant que vous agirez en temps voulu.

www.ingramcontent.com/pod-product-compliance
Lightning Source LLC
LaVergne TN
LVHW091100150826
845673LV00002B/658

* 9 7 9 8 2 3 0 5 0 0 0 9 4 *